為我祈禱

［為我祈禱］運動

為下一代祈禱

要素指南

Tony Souder

托尼 · 蘇德

Read Avenue Press

CHATTANOOGA, TN

Tony Souder/Read Avenue Press

P.O. Box 2468

Chattanooga, Tennessee/37409

PrayforMeCampaign.com

Scripture quotations are from Chinese Union Version (中文和合本). All rights reserved.

Book Layout ©2013 BookDesignTemplates.com

Cover Design by Nathan Mileur and Allison Dowlen

Pray for Me: The Prayer Champion's Guide to Essential Prayer for the Next Generation/ Tony Souder.

ISBN 978-0-9963750-7-8

目錄

本書獻給我的妻子羅蘭達。

沒有人比她更愛我，更多為我禱告！

2

致 謝

首先，我要感謝我的三個最大的粉絲：我的妻子羅蘭達，和我的雙胞胎女兒艾比和伯大尼。你們的鼓勵、愛和笑聲，是耶穌的三個最好的禮物，幫助我持續到底。謝謝你們!

因為這本書是關於使得下一代在他們成型的年月裏有所不同，我想特別提到三對優秀的夫婦，在我作為一個信徒成長過程中，在我看‧品味‧分享耶穌的過程中所起的作用。歐文和巴巴拉‧拉普敦在介紹我認識救主過程中起了決定性的作用，並且在初期投入無數個小時訓練我做門徒。鮑伯和珍‧艾綺思從我大學的年代起接我進他們家裏，愛我視如己出。他們的家就是天堂。這兩位將我這個年輕人浸泡在耶穌的甜美裏，我的靈魂在那裏得到安穩。我還想談談劉易斯和德蘭納‧貝克，他們的靈魂都已經與愛他們主一起享受著天堂的奇妙。他們在北卡鄉間教會對耶穌、對年輕人的委身，超過五十年，產生出一群榮耀上帝熱愛耶穌的人。他們以祈禱為支柱的生命將永遠在我生命中留下印記。

我還想花時間感謝那些幫助使這本書成為現實的人。感謝所有閱讀、回饋和幫助修改的親愛的朋友們，你們的幫助使教會得到了更好的資源。謝謝你，沃克（Corrie Walker），博亞學院溝通交流的專業人士，為此書提供了卓越的重要編輯。特別感謝梅甘（Megan DeMoss），我相信他是上帝為這樣的一個時刻興起的。你對整個項目的貢獻是來自上帝護理的一個明證。你一直是這個項目裏的明星。

最後，我想感謝所有所有使查塔努加青年網絡自1994起得以服侍我們地區的青年事工的人。你們知道我說的是誰——我們的財政合作夥伴，董事會和工作人員，過去的和現在的。感謝你們使二十年的有效事奉成為可能。還要感謝成千上萬有償的和誌願的青年領袖，他們忠實地服事我們地區的青少年。願你的族群加增！

序

　　［為我祈禱運動］根本上是關於教會以一個自然和可持續的方式將耶穌基督的奇妙大能傳遞給每一個新興代。不幸的是，我們從全美國研究了解到，美國教會這方面努力的有效性正面臨著挑戰。根據 Sticky Faith的研究，青少年從教會流失的比例為：

- 優秀的青少年團契和家庭裏，40-50%的學生高中畢業後離開上帝和教會（卡拉鮑威爾博士和克拉克博士[Zondervan：2011]）

　　一些研究人員說，到29歲時多達80%的人會離開。大量的年輕人從教會流失有復雜的原因，但所有那些仍然與教會連接並信仰蓬勃發展的人，有一個非常明確的共同因素：他們有一個或多個成年信徒有意識地投資於他們的生命。鮑威爾博士特別提出Sticky Faith的克拉克博士在這點上的出色：許多兒童和青少年事工部說，他們希望主日學班級或小組成人與孩子的比例是1:5，（這意味著每五個孩子有一個成人）。如果我們把它反過來呢？如果我們說我們想要成人與孩子的比例是5:1呢——每個孩子有五位成人關心？…我們正在談論你招募五個成年人，以少

量、中等或大量的方式，投資在你的孩子身上。（第101頁）

全國宗教和青年研究，以及全本聖經經文，都指出成年信徒在對下一代頌揚上帝的偉大方面不可替代的作用。

詩篇145: 4說「這代要對那代頌贊你的作為，也要傳揚你的大能。」 詩篇71: 17-18說「神啊，自我年幼時，你就教訓我；直到如今，我傳揚你奇妙的作為。神啊，我到年老發白的時候，求你不要離棄我！等我將你的能力指示下代，將你的大能指示後世的人。」這兩段經文都很清楚地說到成年人必須，以群體或個人的方式，向下一代頌贊上帝的偉大。但盡管我們知道在聖經裏和全國性研究中的這個事實，我們仍然在激勵成年信徒有能力有效地向下一代頌贊耶穌方面，有令人難以置信的困難。

這是［為我祈禱運動］的由來。［為我祈禱運動］的目的，是讓更多的成年人在這重要的事上自然地與更多的青少年關聯。這個計劃是為了幫助教會裏的每一個青少年，邀請三個不同年代的成年信徒成為他們一學年的禱告支持者。這些禱告支持者將使用這本書，使他們整個學年期間能夠有效地為他們的學生禱告。

　　為什麼找三個不同年代的成年人？如果他的團隊中只有一個人的話，很少有人能在生活的任何方面蓬勃發展。我們的願望是，每一個青少年都會有一個能代表基督整個身體的祈禱支持者團隊。我們相信，當我們可以從每一代人那裏品嘗到耶穌的甜美時，真實信仰的傳遞是最有效的。

　　[為我祈禱運動]是推動每一代成年人有意識地開始以一種自然的方式投資青少年生命的一個戰略步驟。我們采取了最基本的基督徒行為——禱告，並使它成為世代之間的連接點。我們已經無數次看到，祈禱提供了一個簡單而無威脅的方式，發起跨世代的關系，同時也創造了一個超自然和持久的紐帶。願上帝喜悅，在祂普世教會建立起一個龐大的跨越世代的關系網絡。願我們為下一代提供耶穌美好大能的清晰圖畫的有效性增加百倍。感謝你在這宏圖偉業中的參與！

神的子民之所以能够取得成果，乃在於神事前將禱告的靈澆灌在他們身上。當一個大型的禱告運動在我們中間運轉之際，正是神顯示祂將要在我們當中施行大能的最佳明證。

-- 約翰比伯 John Piper --

簡介

一個邀請

在我十七歲的那年，我接受了耶穌基督作為我的個人救主。我還記得，剛成為基督徒的頭幾個禮拜，每次我步入教會，好些成年人總重覆地表示，他們為我的受洗而感到高興，又述說出他們曾不停地為我禱告。對於他們所說的，我根本摸不著頭腦，也許是因為我是一個來自非基督徒家庭的初信新葡。每次當我在思量他們為我所作的代禱時，有幾個舊記憶很清晰地浮現心間。首先，我很驚訝，對於這一班人，畢竟我都只不過是一個陌生人，但我居然能夠在他們的心目中佔一席位。更令我吃驚的是，他們願意擺上時間為我祈禱。又叫我總不能忘記的是，我起初的驚訝是如何被這班成年人濃厚的關愛完全溶化。是他們的甘心樂意為我禱告，是他們處處對我的關顧，這一切誠然改變了我人生的路向。當時我雖然很年輕，但我真知道我所領受的是一份莫大的恩惠，而我很喜歡這份恩惠，由衷地喜歡！這恩惠福源自基督的身體，內裡包含著一群認識神的人，一群願意我也去認識神的人。神悅納屬祂的人的祈禱，無論公禱或私禱去改變世界、去改變一個像我這樣的一個青少年的世界。

我們誠意邀請你，也為你預備了一份難以置信的禮物。一位青少年已打開他生命之門，邀請你進入他的生命，邀請你為他禱告。藉著這個邀請，一道無形的橋樑就在你和他中間搭成。因著你的接納、承諾，你可以毫無阻隔地橫過這道橋樑，自然而然地與這位青少年產生聯繫。這本禱告手冊旨在幫助你去達成你的承諾，成為他們的禱告勇士。也許你仍未覺得自己是一個禱告勇士，但你若樂意接受他們的邀請，為他們禱告，已足夠肯定你確實是一位禱告勇士了。這本禱告手冊會指引你如何祈禱，求神供應他們、保護他們、與他們同在，以及神在他們生命中所立下的旨意。但凡我們開始為別人作這樣的禱告時，奇異的事也同時會在我們身上發生，我們的心會多看重神的旨意和別人的需要。這樣，除了為他們禱告以外，我們開始更體貼別人，使他們得著祝福和鼓勵。這本手冊也是基於這個概念而設計的。我們盼望，當你為下一代以經文祈禱時，你的禱文讓你得著滿溢的喜樂。我們也極其盼望，如果神真的指引你在他們生命其他方面都作出額外付出時，你會立時應聲說：「我願意！」我們深信，神的恩惠伴隨著屬祂的人的禱告而來，願神的恩惠湧現。

　「你會為我禱告嗎？」這個極其簡單的請求，往往不被重視。我想說的是，每當有人要求我為他們代禱，我總以為我已掌握到他們每一個請求的逼切和實在，其實這並不真確。真正遺憾的是，我有時候也沒有為代禱的請求作再三思量。慶幸地，有一天我對禱告的認真忽然改觀過來。那一天，我妻子在紐約長島市剛做完手術，而我就在醫院內一個房間坐著等候。這天，我沒有刻意尋求這個改觀，我一直只在意著自己的事情。正當我在閱讀馬太福音第七章7－12 節這一段熟稔的經文時候，神就把我迷糊的眼睛打開，叫我睜然看到一個我以前屢次忽略的真理。

　「你們祈求，就給你們；尋找，就尋見；叩門，就給你們開門。因為凡祈求的，就得著；尋找的，就尋見；叩門的，就給他開門。你們中間，誰有兒子求餅，反給他石頭呢？求魚，反給他蛇呢？你們雖然不好，尚且知道拿好的東西給兒女。何況你們在天上的父，豈不更把好東西給求他的人麼！」（馬太福音7：7－11）

　我深信你也熟悉接下來的這句金句：「所以無論何事，你們願意人怎樣待你們，你們也要怎樣待人，因為這就是律法和先知的道理。」（馬太福音七：12）但你也許會感到訝異，這被視為待人接物的金科玉律，竟然是接續上面以祈求為背景的經文而出現。是的，主耶穌竟然讓這金句成為祈求的高潮。這段經文本來是細述迫切、持久的祈求，所帶來必蒙應允的盼望。然而在此，主耶穌卻是要我們知道：我們願意人怎樣為我們祈禱，我們首先要以同樣的迫切冀望為他人禱。這就是我多年前在醫院一個房間裡所得著的金科玉律。願藉此一金句幫助你祈禱，尤其是當你為你的子女兒孫和教會的青少年禱告時，這金科玉律會為你的祈求帶來熱切冀盼的動力。

「為我祈禱」運動的主題關乎盼望，尤其是青少年在神偉大的豐盛裡可尋得到的盼望。每個世代的人，都需要在神裡面尋求得他們最大的盼望、滿足和喜樂。這個運動旨在協助你，如何透過禱告，給青少年帶來盼望；藉著禱告，讓聖靈維繫並堅固我們與神之間的相互關係；讓成年信徒為下一代年輕的信徒祈求，求神供應他們、保護他們、與他們同在；在他們生命中定立旨意。這運動有以下三個目標：

1. 藉著屬神的人的禱告，幫助下一代看見及細味神偉大豐盛。

2. 幫助成年信徒看重禱告勇士的職責，著意地為下一代擺上時間、心思和禱告。

3. 創設一個<<代代相存>>的關係網絡，促使兩代之間分

12

享神的偉大豐盛。

概覽

策略性的祈禱

市面上有很多書籍，教我們怎樣去為別人祈禱。這本書跟他們又有什麼區別呢？首先，這本書是著眼於為下一代祈禱而寫的。更加重要的，這部指南讓你的禱告清晰一致，貫徹集中。而這本祈禱指南，是由以下三個重要部份互相組合而成。

- 以經文禱告
- 7 個要素
- 「眼看、細味、分享」三部曲（S3）

以經文禱告

這祈禱指南是以聖經真理作為基礎。聖經就是神的話語，因此帶有權柄，在我們的禱告中，賜給我們生命的力量。藉著這本手冊，你可以學習怎樣以經文為禱文為下一代祈禱。以經文為禱文是其中一種最有權柄及能力的

14

祈禱方法。現在，我們可以藉著查考經文，來回想神所給我們其中的一些應許。

神的話語

- 賜生命　（詩篇119: 25, 107）
- 加添力量　（詩篇119: 28）
- 守護我們遠離罪惡及保持潔淨　（詩篇119: 9, 11）
- 創造及維持宇宙　（詩篇33: 6，彼後3: 5，希1: 3, 11: 3）
- 創造屬靈的生命　（彼前1: 23，雅各1: 18）
- 能拯救我們的靈魂　（雅各1: 21）
- 是活潑的、有功效的，連心中的思念和主意都能辨明（希4: 12)
- 使人信主　（羅10: 17）
- 教訓、督責、使人歸正，教導人學義　（提前3: 16）

　　這些段落，讓我們能藉著神話語的大能和權柄嘗到主恩的滋味。

　　值得我們關注的是，這本「為我祈禱」的祈禱指南引用了世上最有權能的話；就是以神的話語，用作我們為下一代祈禱的靈丹藥引。使徒保羅形容聖經為聖靈的寶劍。我們從希伯來書4：12節就知道：「神的道是活潑的、是有功效的，比一切兩刃的劍更快。甚至魂與靈、骨節與骨髓，都能刺入剖開；連心中的思念和主意，都能辨明。」無論我們手寫、口說或默默地向神禱告，神都會用他的話來更新我們的心。在這祈禱指南中，我會致力讓聖經的真理，作為我們禱告的靈糧。我們會按著與「7 個要素」相關的經文來為下一代祈禱，讓這些禱文成為賜生命力量的禱告。

效法詩篇中詩人的禱告

一本以經文為中心的祈禱指南，是很難不會取材於先知的禱文及詩歌的。故此，我們會竭力從詩篇中找出重點，把經文轉化為禱文。詩篇多次、多方向神呼求，而詩句裏所包含的堅忍和真誠，展現出清晰、誠懇、迫切和直接性。現在讓我們從詩篇119篇的幾句經文裏，一瞥詩人的禱告是何等的直接和依靠主。

- 求你用厚恩待你的僕人 （17）
- 求你開我的眼睛，使我看出你律法中的奇妙 （18）
- 求你除掉我所受的羞辱和藐視 （22）
- 求你照你的話，將我救活 （25）
- 求你將你的律例教訓我 （26）
- 求你使我明白你的訓詞 （27）
- 求你照你的話使我堅立 （28）
- 求你使我離開奸詐之道 （29）

16

- 求你不要叫我羞愧 （31）
- 求你賜我… （34）
- 求你叫我… （35）
- 求你使我的心… （36）
- 求你叫我轉眼… （37）
- 所應許的話，求你向僕人堅定 （38）
- 求你使我所怕的…遠離我 （39）
- 願你照你的話，使你的慈愛… （41）
- 求你叫真理的話，總不離開我口 （43）
- 求你紀念… （49）
- 我一心求過你的恩…（58）
- 願你的慈悲… （77）

　　以上的詩句，很明顯是祈求神去作工；以詩人的身份代求，祈求神恩惠的幫助。當我們以經文為禱文為下一代禱告時，我們實在是代他們向神作出呼求。為我們的下一代著想，求滿有恩典慈愛的神介入，賜恩惠給他們。求主使我們在禱告時，或在向下一代傳揚他的偉大時，有顆努力不懈的心；又在我們關心和愛護他們之時，求主軟化他們的心；賜他們信心來回應神的真道，並接受我們成為他們的祈禱勇士。

7 個要素

　　這本祈禱手冊是圍繞著我所講的7 個要素所構成。我認為這七個要素是生命之本，藉此我們留心怎樣在神、在人面前忠誠地過活成長。

　　這7 個要素直接源於兩段聖經，其重要性質滲透著整本聖經。首兩個生命素質是智慧和恩惠，出自路加福音2：52「耶穌的智慧和身量，並神和人喜愛他的心，都一齊增長。」這不難明白，耶穌需要在智慧和恩惠中成長，皆因神子取得人的樣式活著。但奇異的是，路加確保我們知道，耶穌是在智慧和蒙恩寵中成長的。其實路加可以描述耶穌的任何一方面，但他刻意向我們指出，是在智慧中成長，是蒙神和人所喜悅的重要原素。那就是說，即使是神的兒子，這些也是必須的。既然，在智慧和恩惠中成長，對神自己的兒子也是這般重要。那麼無可置疑地，這兩個生命素質對我們也是同樣重要的了。

　　另外五個生命素質在提前4：12 說：「不可叫人小看你年輕，總要在言語、行為、愛心、信心、純潔上，都作信徒的榜樣。」重點在於保羅並不是隨意地對提摩太說出這些話語，他實在是向提摩太提供一些，作為信徒典範須注意的範疇。這些簡單、精確的引導，對提摩太來說，都是關鍵的訓話。這些範疇對今日我們來說，仍是十分重要。

基於七大生命素質的個別功能和特質，這部祈禱指南歸納它為三個範疇：

- 蒙恩寵的基礎：恩惠
- 四個生命核心素質：智慧、愛心、信心和純潔
- 公共關係配對：言語和行為

恩惠為基礎

當我寫這篇文章時，一枝408尺長的尖塔，正被安置在世界貿易中心的一座大樓頂部，令它高達1,776尺之高，使它成為整個西半球最高的建築物。它的建造，壯觀地屹立在曼哈頓的天空中。正當我們欣賞著這麼宏偉的建築時，又可會聯想到它的地基呢？根基是很容易被人遺忘的，但他們絕不可以被省略。同樣，我們時常忘記神的恩惠就是我們生命裏的基本。這本是個強而穩固的根基，可惜在這個高估自己更新的世界裏，我們很容易忘記我們實在是全然依賴著祂的。試思想神在你身上所作的、或藉著你而作的、又或為了你而作的恩惠時，我們便能從他的供應、保護、同在及旨意中，看見神的恩惠和保守。

「愛子是那不能看見之神的像，是首生的，在一

切被造的以先。因為萬有都是靠他造的，無論是
天上的、地上的；能看見的、不能看見的；或是
有位的、主治的、執政的、掌權的；一概都是藉
著他造的，又是為他造的。他在萬有之先；萬有
也靠他而立。」（歌羅西書1：15-17）

　　我們之存在全然是神的恩惠，藉創造和基督托住
萬有而來的結果，這也是其他六個生命素質的基礎。究竟
一個青年須要怎樣，才能領略到他們的生命裏有神的恩惠
呢？我認為他們必須要用眼睛去看、耳朵去聽、存著謙卑
的心去明白，以及樂意接受神給他一切的恩典。我們要為
他們能建立一個謙卑的態度而努力祈禱，好讓他們藉著神
的旨意，能看見神的恩惠的供應、保守以及同在。

四個生命核心素質

　　我稱智慧、愛心、信心、和純潔為四大核心，
因它反映出我們內心的狀態，表現出我們究竟是一個有什
麼質素的人。首要的，是在以下四方面，我們需要神敞開
他的恩惠和恩慈。我們需要：

1. 智慧 --- 那些需要我們用禱告來托住的年輕人，每

天都會做出一些影響他們餘生的決定。我們盼望神會悅納我們的禱告；增加他們的智慧，使他們能作出良好的決定。但當他們作了錯誤的決定時，平撫他們的悔意。當我們為下一代求智慧時，應以聖經箴言及主耶穌的為人作參照。箴言著重提供「使愚人靈明，使少年人有知識和謀略。」（箴言1：4）在歌羅西書2：3，保羅說：「所積蓄的一切智慧知識，都在他（耶穌）裏面藏著。」當我們為年輕人能與耶穌建立更深的關係而禱告時，我們也同時為他們需要深層的智慧而代禱。

2. 愛心 --- 神是愛。（馬太福音22：37－40）愛神和愛人，正是律法 和先知一切道理的總綱。耶穌對他說：「你要盡心、盡性、盡意愛主－你的神。這是誡命中的第一，且是最大的。其次也相做，就是要愛人如己。這兩條誡命是律法和先知一切道理的總綱。」改造我們的是愛。因此，在以弗所書（3：18-19）使徒保羅專注為信徒祈禱：「能以和眾聖徒一同明白基督的愛是何等長、闊、高、深，並知道這愛是過於人所能測度的，便叫神一切所充滿的，充滿了你們。」

3. 信心 --- 信心是蒙神的恩惠所賜的。「你們得救是本乎恩，也因著信，這並不是出於自己，乃是上帝所賜的。也不是出於行為，免得有人自誇。」（以弗所書2：8-9）因此，我們因著信才有得救的指望。信心又是絕對的原素，方能討神的喜悅。希伯來書（11：6）說：「人非有信，就不能得神的喜悅；因為到神面前來的人，必須信有神，且信他賞賜那尋求他的人。」

4. 純潔 --- 內心純潔的人，必有恩惠慈愛隨著他。當我們一生尋求一個純潔的生命時，神會賜我們異像看到他。馬太福音（5：8）說：「清心的人有福了！因為他們必得見上帝。」當我們為下一代祈禱時，我們必須尋求神的恩惠，使他們在智慧、愛心、信心和純潔上得以長進。

公共關係配對：言語和行為

我很喜歡看由國家地理雜誌錄製的獲獎特輯。他們清晰的捕捉了自然界的境物，畫面非常壯麗。我特別記得一張接近南極圈，位於佩尼奧島（Pleneau Island）對開，佩尼奧灣（Pleneau Bay）中一個冰山的圖片。那圖片是用了分割圖像技術，來捕捉冰山在水平線上和水平線下的影像。它把「冰山一角」的句子，具體的浮現在我們的眼前。科學家指出因為冰的密度關係，只有百分之十的冰山浮在水面，才讓我們能看到；其他大部分的山體，都藏在水面底下。當你細想一下，我們其實和冰山很相似。

我們身邊的人，從我們的言語和行為，來認識得到我們的百分之十；但我們還有很多的資料是「藏在水面底下」。某程度上，我們的言語行為，就像高科技的活動廣告牌，向經過的途人發出訊息說：「這就是我們！」和「我們就是這樣的人！」好像所有的廣告牌的訊息一樣。我們的言語和行為，只能粗略地顯出我們內裏是個甚麼樣的人。它給了提示，但並不能說出整個故事，它們只是冰山一角罷了。

言語和行為往往是用來向「公眾」展示我們是個怎麼樣的人；或基本上，我們在內心希望令別人相信自己是個甚麼樣的人。我們的智慧、愛心、信心、和純潔都藏在我們的內心，然後流露到我們外在的言語和行為上。這正是我們作為基督徒在生活上要正視的情況，我們實在不能輕視言語和行為的重要。目的是要讓我們所說的和所做的，都能準確地反映內在的真我。此外，從我們的言語和行為，會使世人認識到一個或清晰的、或含糊的神。神造我們，好使我們的嘴巴和生命彰顯他的偉大和慈愛。

我想用兩個簡單的問題來挑戰你們；為的在引導你們於言語和行為中，能成為一個真正的基督徒。這些問題會直接照亮你的心靡；引導你怎樣把生命全然交託主、倚靠主！

1. *我是否只有表面功夫，欠缺真心呢？* 神對我最大的渴望，就是我們能盡心、盡性、盡意、盡力去愛他，以及愛人如己。這個問題會道出了我們的虛偽；假裝著神是我們的至寶，但卻貪戀世上的情慾。耶穌以最嚴厲的言詞來譴責那些口中常讚頌他的，心裏卻遠離他的人。讓這問題喚醒我們，催使我們的心能被神和他的大能所深深的吸引。

2. *我有沒有使我的言語和行為達到屬靈成長的目的呢？* 我們的言語和行為有幾個目的 --- 與別人溝通，讓別人認識我們和我們的立場，以及達到自我溝通的目的。你可有細心傾聽自己的言行，是否正在道出你內心屬靈的境況呢？作為基督徒，我們有聖靈住在心裏，常常提醒我們：我們的言行是出於自己還是出於神。因此，我們必須聽從聖靈的指導和勸戒。我們一定要小心，不可抵擋或消滅聖靈在我們內心的工作。當聖靈光照我們的罪孽和虛妄時，我們必須聽從祂，靠著祂的大能認罪，脫離罪惡。這是我們效法主耶穌式樣的關鍵方法之一；也正是神對我們生命的最終目的。

眼看、細味、分享

門徒成長三部曲

現在進入這本祈禱指南的第三個組合部份，在此讓我介紹一個簡單的步驟，來幫助你成功的與主同行；那就是「眼看、細味、分享」門徒成長三部曲 S3。在過去的十幾年，S3 成為了我與神共處的生命旋律，我願意以此鼓勵你也把握這方式與神共處。首先，我要說一說這 S3 門徒成長三步曲的起源以及它的價值和必要性。我在1978年開始成為基督徒，在1995年3月，神帶領我和我妻子報讀了一個靈命成長的精讀課程。在這段期間，我太太患了嚴重的偏頭痛症。在往後的十八年裏，她接受了三個大手術和經過全國超過50個醫生的診治，這不但沒法把她的痛苦減輕，反而擴散引致肌肉及骨骼劇痛，使我倆渡過無數個痛苦、哭泣的夜晚。

我們嘗試了所有西方的、東方的、傳統的和非傳統的醫療方法。而從基督徒屬靈的角度上看，我們在人和群體的層面上，努力去經歷聖經所指的全面性祈禱和醫治。也就是因為經歷了這漫長的煎熬苦難，迫使我用了一個新的方式去學習與主同行。假若我們事事順暢，任何人都能輕易地為主而活，但這不是我個人的經歷。我是不斷被苦難挑戰到極限，當時就是憑著這 S3 門徒訓練三部曲，讓我渡過一個個的難關，靈命得以保守。感謝主！期望你不需要經歷超過十八年的苦難，才開始看見到、體味到、分享到神在你四周圍施下的豐盛恩典。你今天就可以開始這三個步驟了。S3是一個在我們生命中，定意地去尋求神的方式；也是一個令人雀躍的方法去與主同行。同時它激發我們，使我們無論在任何境況下，都能對人和對神充滿愛心。神希望我們能在生命每一個境況中，都能看見到他的良善、恩慈、憐憫、信實和愛護。當神讓我們看見他在我們生活中顯示他大能時，我們要完完全全地用感恩、讚美和崇敬的心去意味體會。而在我們心中洋溢著主恩滋味的時候，我們便自然地能與別人分享了。S3這三個步驟讓我們的靈魂甦醒，如同身體吸入了氧氣，充滿生機。S3能成為你生活中與神相交的美妙旋律。

S3三步曲三個有力的核心事實：

1. 所有神的作為都是美善的。因此，我們應仔細體會所看見的神，他現在所作的和他從前所成就的，都要細味並與別人分享。

2. 我們能在聖經、日常生活以及一切的造物中，看到神的偉大和美善。

3. 聖經是唯一的可靠來源，能讓我們認識神的真道，瞭解他在我們生命裏，以及在世上的作為。

眼看

　　三步曲S3的第一步，是要看見神的偉大善美。我們周圍隨時都能看到神偉大的屬性和作為。神渴望我們看見他在各方面所彰顯的大能。他希望我們的心思意念都能被他的聖潔、公平、公義、全能、智慧、良善、恩慈、信實、溫柔和愛心所吸引融會。祂的奇異作為是沒有窮盡的，當我們和神的關係停滯不前時，並不是因為他不夠偉大，不能吸引我們敞開心懷。而是我們對他的全然美麗善視而不見，一如瞎子巴底買，孜孜的尋找耶穌，來幫助他恢復視力。（馬可福音10：46-52）故此，我們也要用心去懇求神賜我們屬靈的眼光，看到他在我們周圍一切的大能美善。若要看見主的偉大，以下一些事實是我們必須緊記的。

- 我們從聖經、日常生活及創造的萬物中看見神的偉大。
- 神會賜我們能力，使我們能夠看見、聽見以及明白。所以我定要恆久向神禱告，求他賜我們眼睛去看、耳朵去聽以及心靈去明白，並且行出他要我們在這世界應該奉行的旨意。

細味體會

　　S3的第二個步驟就是從聖經、生命和創造中，去體會神的大能。細味體會是我們內心經歷到神之後的回應。意味體會神對我們靈命成長是很重要。因為這表明了我們正在享受和喜悅神以及他的偉大美善。意味神幫助我們不只遠離單單頭腦上對神的認識，體會驅使我們個人進一步去認識主耶穌以及他所關心的。體會神也幫助我們更加親近神，因為「慢嚥輕嚐」實能擴闊了我們的心胸，使我們更加愛主。以下是一些關於體味神偉大恩典必須緊記的：

- 體味神是必需的。因為我們往往都積極地、銳意地去追求自己所愛的。

- 體會需要時間。我們必須把腳步放緩，去思想我們所看見過的。

- 感謝、愉悅和珍惜是學習體味的必要元素。

- 回味一下，在何時、何地你曾看見神在你生命中臨在、保護和供應你。

傳揚分享

　　假若我們看見過神的偉大並嘗過主恩的滋味，很自然便會樂意地去跟別人分享。其實，分享扮演著兩個使我們靈命結果子的角色。第一、分享使得我們曾經見過及嘗過的喜樂變得完滿。當我們看到一些令人雀躍的事情時，我們會立刻去跟別人分享。分享就正是我們經歷了很多神的恩典大能後，所享受的最終成果。

第二、跟別人分享能幫助我們瞭解心之所向。我們通常自然而然地講述所喜愛及享受的事情。S3就是幫助我們從眼見、體味、以至分享這三個步驟，來加深我們對神的愛和愉悅。以下有幾個關於分享必須緊記的地方：

- 留意你們平常說得最多的是什麼？這能使你洞悉到是什麼盤踞了你大部份的心靈空間。這個做法的目的，是希望你開始能在你生命中，看見到神的偉大以及嘗試到主恩的滋味，因此樂意地跟別人去分享。

- 在你開始與別人分享前，鼓勵別人去參與講述：他們自己在那裡曾親眼見過神的作為。大部分的人都會認定他們一生中，在某時或某處曾經經歷過神的作為。

- 好好的預備去跟別人分享你生命中怎樣經歷過神的恩典。分享能深化你在基督裏與神的關係。腓利門書1章6節說：「願你與人所同有(互相分享)的信心顯出功效，使人知道你們各樣善事都是為基督做的。」這是一個極美好的鼓勵和應許呀！

換句話說，我們每一次鼓勵別人去分享他們怎樣經歷神之時，其實我們只是提供了一個渠道去建立他們的信心。故此，放膽跟別人分享吧！也同時邀請別人去分享，不要猶豫！

這本祈禱指南所介紹的門徒成長三部曲S3，旨在把一些關於比較抽象的真道，帶入你們現實的生活中。當我們為下一代祈禱時，緊記是為一個異象祈禱，願他們能被神的大能美善降服。一週七天中，我們會順序以7 個要素祈禱，使用S3這三個步驟來幫助我們清楚集中祈禱的焦點。願主的恩惠慈愛使我們能從聖經、生活和萬物的創造來看到及嘗到他的大能，藉此能裝備自己，分享、傳送給下一代。讓我們一起來禱告，求主大大降福，使我們的下一代能蒙受他豐盛的恩惠。

把你的禱文個人化

在你使用這本指南來開始你的祈禱歷程時，請謹記把禱文個人化。書內每一個禱文都會用上眾數，方便你能同時為幾個人祈禱。我們都易於傾向把禱文死記硬背，請你盡量避免這樣，應該浸淫在字裡行間，細想其中含意，並且盡情發揮，加強你向恩主所獻上的祈禱馨香之祭。

第一週

每週七天七素質

　　每天你為你學生禱告的目的，就是讓你可以有一個明確又嶄新的機會，在經文裏與神契合。你會發覺每段禱文裏，都是用複數名詞，因此你可以為多人禱告。我們期望你不僅為你的學生，也為其他那些主放在你心裏的人而禱告。

　　透過S3（眼見、細味、分享）生命事工模式，每日引導你看見、體會和分享神全然的豐盛。"眼看部份"指的是圈出一段你覺得對你有特別意義的經文，然後在為你的學生禱告時，細細"體會"真理。最後，你把"看見"和"細味"階段裏的感想記錄下來。我們期望你與別人分享這些心路歷程。

　　在你開始每日禱告部分之前，請查看 第117頁附錄裏的"與青少年交流的十個技巧"。這部分提供了，你與學生自然而有效地建立關係的實用方法。

第一天：恩惠

父啊！求祢開我的眼睛，好使我更清晰看到祢，更透切地細味體會祢，並更釋放地傳揚分享祢！

請你看為重要的字句圈起或間線：

耶和華阿！尊大、能力、榮耀、強勝、威嚴都是祢的；凡天上地下的，都是祢的；國度，也是祢的。並且祢為至高，為萬有之首。豐富尊榮都從祢而來，祢也治理萬物。在祢手裏有大能大力，使人尊大強盛都出於祢。我們的神啊！現在我們稱謝祢！讚美祢榮耀之名。（歷代志上 29：11－13）

請在以下一段為你和你的學生的禱告中，體會個中真理：

天父啊！祢是偉大和配得讚美的。我祈禱＿＿＿＿＿＿能明白、接受祢的恩惠，常常讚嘆祢的偉大美善。喚醒他們的心靈，來理解體會祢恩手流出的美善。當他們仰天，讓他們知道天是屬祢的！當他們顧鏡自覽時，讓他們知道他們也是屬於祢的。在他們的一生中，建立起對祢和祢恩慈供應堅定的信賴；使他們信服祢是厚賜萬物的主。當他們思念祢榮耀的名時，讓他們充滿讚美和感恩。願祢得著榮耀，他們得著造就。奉主得勝的名，阿門！

寫下你想與人分享的感想：

第二天：智慧

父啊！求祢開我的眼睛，好使我更清晰看到祢，更透切地細味體會祢，並更釋放地傳揚分享祢！

請你看為重要的字句圈起或間線：

求祢指教我們怎樣數算自己的日子，好叫我們得著智慧的心。（詩篇90：12）
耶和華啊！求祢叫我曉得我身之終！我的壽數幾何？叫我知道我的生命不長。（詩篇39：4）

請在以下一段為你和你的學生的禱告中，體會個中真理：

天父啊！不知不覺時光飛逝！我為＿＿＿＿＿＿禱告，求祢幫助他們意識到每個時刻是何等的寶貴；教導他們細味體會每天都是從祢而來的恩典；幫助他們每天都活得有意義、有目標；引導他們明白他們的作息存留是倚賴祢的保守；幫助他們意識到生命在流逝，以至他們尋求忠心跟隨祢。賜給他們對生命長遠的眼光，好讓他們瞬息間可以作明智的決定。提醒他們那為主而活的生命，才是最完滿豐盛。願祢得著榮耀，他們得著造就。奉主得勝的名，阿門！

寫下你想與人分享的感想：

第三天：愛心

父啊！求祢開我的眼睛，好使我更清晰看到祢，更透切地細味體會祢，並更釋放地傳揚分享祢！

請你看為重要的字句圈起或間線：

神愛世人，甚至將祂的獨生子賜給他們，叫一切信祂的，不至滅亡，反得永生。（約翰福音3：16）

因我們還軟弱的時候，基督就按所定的日期為罪人死。為義人死，是少有的；為仁人死，或者有敢作的。惟有基督在我們還作罪人的時候為我們死，神的愛，就在此向我們顯明了！（羅馬書5：6-8）

請在以下一段為你和你的學生的禱告中，體會個中真理：

親愛的天父！感謝祢如此愛我們，甚至捨棄了祢的獨生愛子。祢犧牲的愛，讓我們不勝銘感，祢的大愛無法用世間的言語表達。在我們一無所有、毫不可愛的時候，就如此愛我們，實在讓我們震驚；我們都是罪人，違背祢的美意和尊榮。求讓_____心甘情願地降服在祢深厚而甜美的捨身之愛中；讓這大愛滲透他們的胸懷；讓他們過一個犧牲捨己，愛的生活。願祢得著榮耀，他們得著造就。奉主得勝的名，阿門！

寫下你想與人分享的感想：

第四天：信心

父啊！求祢開我的眼睛，好使我更清晰看到祢，更透切地細味體會祢，並更釋放地傳揚分享祢！

請你看為重要的字句圈起或間線：

你要專心仰賴耶和華，不可倚靠自己聰明。在你一切所行的事上，都要認定祂，祂必指引你的路。（箴言3：5-6）

請在以下一段為你和你的學生的禱告中，體會個中真理：

天父啊！生活常常是複雜和迷亂的。感謝祢！在這複雜的生活中，賜給我們盼望和清晰的應許。今天，我禱告，＿＿＿＿＿會信靠祢，將他們的生命完全擺上，並且堅信祢愛他們。求賜他們能力，從自以為聰明的境況中掙脫出來，依靠祢的引導，使他們在一切行事上都認定祢，認識到他們需要祢、依靠祢、仰望祢。當他們看見祢指引他們在通達的道路時，認定這一切都是祢全然的供應。讓他們看見祢奇妙的作為，以至他們降服順從祢的旨意，因為祢是他們的神。今天幫助他們每一口氣都珍愛祢，同時也感召他人全心的珍愛祢。願祢得著榮耀，他們得著造就。奉主得勝的名，阿門！

寫下你想與人分享的感想：

第五天：純潔

父啊！求祢開我的眼睛，好使我更清晰看到祢，更透切地細味體會祢，並更釋放地傳揚分享祢！

請你看為重要的字句圈起或間線：

少年人用什麼潔淨他的行為呢？是要遵行祢的話！
我一心尋求了祢，求祢不要叫我偏離祢的命令。
我將祢的話藏在心裏，免得我得罪祢（詩119：9-11）

請在以下一段為你和你的學生的禱告中，體會個中真理：

天父啊！在這鄙視純潔的世界，聖經裏詩人的問題尤其重要：「一個少年人或少女，用什麼純潔他們的行為呢？」答案就是全心全意的追求祢和祢的道。我祈禱希望_____將能嘗到聖經話語的甘甜，並全心渴慕神的話。幫助他們相信祢的道是聖靈的寶劍，可引領、指導他們。使他們有能力在每個決定上，追求聖潔。讓他們立志將祢的話藏在他們的心中，免得他們得罪祢。願祢得著榮耀，他們得著造就。奉主得勝的名，阿門！

寫下你想與人分享的感想：

第六天：言語

父啊！求祢開我的眼睛，好使我更清晰看到祢，更透切地細味體會祢，並更釋放地傳揚分享祢！

請你看為重要的字句圈起或間線：

稱謝耶和華！歌頌祢至高者的名，用十弦的樂器和瑟，用琴彈幽雅的聲音，早晨傳揚祢的慈愛，每夜傳揚祢的信實，這本為美事。（詩篇92：1-3）

請在以下一段為你和你的學生的禱告中，體會個中真理：

天父啊！今天我要讚美祢。祢是全能榮耀的神。求祢幫助＿＿＿＿用他們的言語，因祢和祢的一切作為，向祢獻上感謝。讓他們的心歌唱讚美祢的名。每個早晨使他們更明白祢對他們的大愛，願他們的言語傳揚祢的慈愛，幫助他們能看見、能體會真理。他們每天都是在天父的慈愛和看顧下，與主同行。讓他們每個夜晚，都能夠曉得祢的信實。讓他們用感謝的話語，歌頌祢至高者之名！願祢得著榮耀，他們得著造就。奉主得勝的名，阿門！

寫下你想與人分享的感想：

第七天：行為

父啊！求祢開我的眼睛，好使我更清晰看到祢，更透切地細味體會祢，並更釋放地傳揚分享祢！

請你看為重要的字句圈起或間線：

世人哪！耶和華已指示你何為善，祂向你所要的是甚麼呢？只要你行公義、好憐憫、存謙卑的心與你的神同行。（彌迦書6：8）

請在以下一段為你和你的學生的禱告中，體會個中真理：

天父啊！祢已指示我們何為善，指教我們祢的命令，並清楚地讓我們知道祢要我們行公義、好憐憫，一生一世謙卑地與祢同行。我祈求_____能夠將這三個命令記在心裏，鍥而不捨地遵行。提醒他們照顧那些軟弱和不幸的人。當他們有能力行善的時候，不要讓他們對不公義的事視若無睹。喚醒他們心智，賜他們能力，使他們能幫助周圍需要關愛和慈惠的人。當他們尋求在世上行公義、施憐憫的時候，讓他們在祢和世人面前能謙卑地服事。願祢得著榮耀，他們得著造就。奉主得勝的名，阿門！

寫下你想與人分享的感想：

第二週

一週七天七素質

　　到現在你已經習慣了為你的少年朋友們禱告的節奏。你已經在七個要素上，為他們禱告了一個星期。現在我們只好交託神，求祂繼續施恩。當你開始第二週為你的學生們禱告時，記著，要留心神給你的第一個意念是什麼意念？我趨向把這些禱告看作是 "火花" 禱告。神用得著這些禱告成為祂施恩的火花，來點燃起你的熱心，讓你整日為你的朋友們不住禱告。讓你心頭湧現的感想成為深入你心的禱告。在每個禱告結束的時候，你可以問問自己：

　　　　還有哪一件事情，我可以為我的朋友禱告的嗎？

　　　　或是

　　　　我從今天持續的禱告裏有什麼得著？

第一天：恩惠

父啊！求祢開我的眼睛，好使我更清晰看到祢，更透切地細味體會祢，並更釋放地傳揚分享祢！

請你看為重要的字句圈起或間線:

你們得救是本乎恩，也因著信；這並不是出於自己，乃是神所賜的；也不是出於行為，免得有人自誇。我們原是祂的工作，在基督耶穌裏造成的，為要叫我們行善，就是神所豫備叫我們行的。（以弗所書2：8－10）

請在以下一段為你和你的學生的禱告中，體會個中真理:

天父！感謝祢救贖的恩典，感謝祢！我們得救並不是出於我們的好行為，乃是主耶穌在十字架所完成的善工。我祈求祢賜給＿＿＿＿更大的信心，信靠祢的救恩。保護他們免受思想和行為的迷惑，以為可以通過行善來掙取或增添他們的救贖。讓他們明白，他們得救乃是祢在他們身上所動的善工，是在耶穌基督裏造成的。因此，他們行善只是知恩圖報的結果，並非為了賺得救恩本身。求讓他們有能力持守祢為他們準備要他們完成的善行。願祢得著榮耀，他們得著造就。奉主得勝的名，阿們！

寫下你想與人分享的感想:

第二天：智慧

父啊！求祢開我的眼睛，好使我更清晰看到祢，更透切地細味體會祢，並更釋放地傳揚分享祢！

請你看為重要的字句圈起或間線：

他對人說：敬畏主就是智慧，遠離惡便是聰明。
（約伯記 28：28）
敬畏耶和華是智慧的開端；凡遵行祂命令的是聰
明人。耶和華是永遠當讚美的！（詩篇 111：10）

請在以下一段為你和你的學生的禱告中，體會個中真理：

天父啊！祢和祢所行的智慧奇妙，敬畏祢是正確地看祢和看我們自己。我們以尊崇、榮耀、敬拜和謙卑來敬畏祢。因為祢的偉大豐盛，我們在萬事上倚靠祢。我祈禱＿＿＿＿＿＿會敬畏祢，每日能更清楚地認識祢是怎樣的一位神。除去那些蒙蔽和欺騙他們的障礙，讓他們認清祢在這世上所作的工，讓他們的心湧流讚美和感激。因為祢在他們的生命中賜厚恩，願祢的智慧使他們有能力遠離惡行，不以惡為樂。堅固他們，使他們能夠幫助其他人看到祢的偉大美善。願祢得著榮耀，他們得著造就。奉主得勝的名，阿門！

寫下你想與人分享的感想：

第三天：愛心

父啊！求祢開我的眼睛，好使我更清晰看到祢，更透切地細味體會祢，並更釋放地傳揚分享祢！

請你看為重要的字句圈起或間線：

耶穌對他說：「你要盡心、盡性、盡意、愛主你的神。這是誡命中的第一，且是最大的。其次也相倣，就是要愛人如己。這兩條誡命，是律法和先知一切道理的總綱。」（馬太福音22：37－40）

請在以下一段為你和你的學生的禱告中，體會個中真理：

親愛的天父！我們感謝祢，祢最大的誡命是叫我們得著最大的益處。我為＿＿＿＿＿禱告，願他們盡心、盡性、盡意地尋求祢、愛祢。讓他們在祢裏面找到無與倫比的歡欣。讓他們明白到，惟有在他們一切的言行思想上都愛祢，他們最心底的慾望才能得到滿足。當他們以最崇高的愛來愛祢時，求祢不要叫他們疲乏。保守他們免於停滯不再付出愛的試探，用祢的大愛降服他們。讓他們堅持愛人如己。讓他們的人生常常見證祢是如何愛世人。願祢得著榮耀，他們得著造就。奉主得勝的名，阿門！

寫下你想與人分享的感想：

第四天：信心

父啊！求祢開我的眼睛，好使我更清晰看到祢，更透切地細味體會祢，並更釋放地傳揚分享祢！

請你看為重要的字句圈起或間線：

我知道祢萬事都能作，祢的旨意不能攔阻。（約伯記 42：2）
主耶和華啊！祢曾用大能和伸出來的膀臂創造天地，在祢沒有難成的事。（耶利米書 32：17）
我是耶和華，是凡有血氣者的神，豈有我難成的事麼？（耶利米書 32：27）

請在以下一段為你和你的學生的禱告中，體會個中真理：

> 天父啊！我們每一天都在面對因自己的不足所帶來限制而煩惱，但令人振奮的是有了祢就足夠有餘。今天，我為_____禱告求祢給他們信心，使他們相信，祢賜他們能力，萬事都能作。幫助他們相信，祢的旨意都不會被攔阻。使他們的心思意念，都符合祢在世上的旨意。當他們面對無法忍受的挑戰時，提醒他們在祢沒有難成的事。使他們知道祢在他們生命中最大的的旨意，是祢叫他們萬事都互相效力，好叫愛祢的人得益，因此他們與祢獨生子的形象相似，活著滿有基督的樣式。讚美祢直到永遠。奉耶穌的名祈求，阿門！

寫下你想與人分享的感想：

第五天：純潔

父啊！求祢開我的眼睛，好使我更清晰看到祢，更透切地細味體會祢，並更釋放地傳揚分享祢！

請你看為重要的字句圈起或間線：

我與眼睛立約，怎能戀戀瞻望處女呢？（約伯記 31：1）

陰間和滅亡，永不滿足，人的眼目也是如此。（箴言 27：20）

請在以下一段為你和你的學生的禱告中，體會個中真理：

天父啊！當我為_____和他們的聖潔祈禱時，求祢令他們警覺，給他們純潔的眼目去看周圍的人、地方和事物。幫助他們像約伯與眼睛立約，堅守他們的目光，要非禮勿視和目不斜視。祈求神幫助他們追求清純潔潔；幫助他們明白，他們的純潔與他們的眼目息息相關。他們的目光可以燃亮他們，也可以使他們跌倒。祈求神保護他們，令他們知道，他們眼睛所看見的，都不能滿足他們，都是徒然的。人若不定睛在神身上，是無法得到滿足。祇有祢才能真正滿足他們，遠遠超過眼前的貪念和情慾誘惑。願祢得著榮耀，他們得著造就。奉主得勝的名，阿門！

寫下你想與人分享的感想：

第六天：言語

父啊！求祢開我的眼睛，好使我更清晰看到祢，更透切地細味體會祢，並更釋放地傳揚分享祢！

請你看為重要的字句圈起或間線：

這代要對那代頌讚祢的作為，也要傳揚祢的大能。

我要默念祢的威嚴的尊榮，和祢奇妙的作為。

（詩篇 145：4 - 6）

請在以下一段為你和你的學生的禱告中，體會個中真理：

天父啊！感謝祢！祢偉大和奇妙的作為永無窮盡。這一代要對那一代傳頌祢的大能和威榮。今天我祈求祢興起一班成年信徒進入＿＿＿＿＿的生命，讓他們將所看見過、所體會過祢的偉大豐盛，迫切的與這些青少年人分享。求祢賜這班成年人有勇氣去關懷和分享，好讓那些青少年人也主動分享祢在他們生命中奇妙的作為。當他們聽到祢豐盛的恩惠時，熱切的盼望就在他們心裏建立起來。願祢得著榮耀，他們得著造就。奉主得勝的名，阿門！

寫下你想與人分享的感想：

第七天：行為

父啊！求祢開我的眼睛，好使我更清晰看到祢，更透切地細味體會祢，並更釋放地傳揚分享祢！

請你看為重要的字句圈起或間線：

這律法書不可離開你的口，總要晝夜思想，好使你謹守遵行這書上所寫的一切話。如此，你的道路就可以亨通，凡事順利。我豈沒有吩咐你麼！你當剛強壯膽，不要懼怕，也不要驚惶，因為你無論往那裡去，耶和華你的神必與你同在。（約書亞記1：8-9）

請在以下一段為你和你的學生的禱告中，體會個中真理：

天父啊！我要讚美祢，感謝祢話語中的應許。我祈求_____全心全意抓住祢的道。當他們晝夜思想祢的話語時，賜給他們喜樂。讓他們速速遵行祢所命定的，知道祢所應許的恩惠必將到來。讓他們剛強壯膽追隨祢對他們的旨意，不要讓他們因害怕而失腳。讓他們充滿信心，相信他們可以到任何祢差派他們要去的地方。讓祢與他們同在的大能，堅固他們勇敢地來遵行祢的旨意。願祢得著榮耀，他們得著造就。奉主得勝的名，阿門！

寫下你想與人分享的感想：

第三週

一週七天七素質

主啊我神！求祢賜我認識祢的心思，渴慕祢的心懷，尋見祢的智慧，討祢喜悅的行為，等候祢的忍耐忠誠，以及最終歸屬祢的盼望！阿們！

-- 聖多馬亞堅拿 (St.Thomas Aquinas) --

…屬靈生命，沒有祈禱，如同福音沒有基督。

-- 亨利盧雲 (Henri J.M. Nouven) --

禱告是對神勇敢信靠的行動。

-- 溫娜蘇達 (Rhonda Souder) --

第一天：恩惠

父啊！求祢開我的眼睛，好使我更清晰看到祢，更透切地細味體會祢，並更釋放地傳揚分享祢！

請你看為重要的字句圈起或間線:

不可使慈愛誠實離開你。要繫在你頸項上，刻在你心版上，這樣，你必在神和世人眼前蒙恩寵、有聰明。（箴言3：3-4）

請在以下一段為你和你的學生的禱告中，體會個中真理:

父啊！我為_____祈求，求祢今天賜給他們祢的特別恩寵。使他們內裏滿載著祢的慈愛和誠實，以致他們對祢的信心得著堅固。求賜給他們慈愛誠實的心懷意念，叫他們生命得著更生。同時在他們所接觸過的人，生命也得著改變。願祢的慈愛在他們生命中明顯地彰顯出來。恩寵和聰明常與他們結伴而行。又叫他們體會到祢的恩手是在他們生命中拖帶著，提醒他們，神的恩寵與他們隨處並在。願祢得著榮耀，他們得著造就。奉主得勝的名，阿門！

寫下你想與人分享的感想:

第二天：智慧

父啊！求祢開我的眼睛，好使我更清晰看到祢，更透切地細味體會祢，並更釋放地傳揚分享祢！

請你看為重要的字句圈起或間線:

因為耶和華賜人智慧；知識與聰明，都由祂口而出。祂給正直人存留真智慧。…（箴言2：6－7）得智慧、得聰明的，這人便為有福。（箴言3：13）

請在以下一段為你和你的學生的禱告中，體會個中真理:

天父啊！我祈求祢賜給_____一顆渴慕祢和祢智慧的心。求祢讓他們眼睛能看見、耳朵能聽見、心裏能明白祢話語裏的智慧。幫助他們領悟到自身的知識與聰明是何等有限；讓他們以祢的智慧為寶貴，在他們追尋祢的智慧的步伐中，賜他們堅忍。知道祢必賞賜那尋求的人。求祢賜福給那些嚐到祢智慧甘甜滋味的人，讓他們對生活有深刻的認識，使得他們成為夥伴間以智慧互勉的泉源，讓他們能像呼吸一樣，自由地向眾人分享祢和祢的智慧。願祢得著榮耀，他們得著造就。奉主得勝的名，阿門！

寫下你想與人分享的感想：

第三天：愛心

父啊！求祢開我的眼睛，好使我更清晰看到祢，更透切地細味體會祢，並更釋放地傳揚分享祢！

請你看為重要的字句圈起或間線：

天離地何等的高，祂的慈愛向敬畏祂的人，也是何等的大；東離西有多遠，祂叫我們的過犯，離我們也有多遠。（詩篇103：11－12）

請在以下一段為你和你的學生的禱告中，體會個中真理：

親愛的天父！祢的大愛彰顯予那些敬畏祢的人。我為_____禱告，願他們敬畏祢。讓他們心中充滿，對祢不滅的敬畏和尊崇。讓他們感覺到，祢對他們的大愛，高及諸天。讓祢豐豐富富的大愛，掌管他們的人生。感謝祢完全、全備的赦罪之恩。讓他們每一天，都享受祢全然無比的寬恕所帶給他們的自由。知道釋放這赦罪之恩，是耶穌為他們犧牲所賜下的。願祢得著榮耀，他們得著造就。奉主得勝的名，阿門！

寫下你想與人分享的感想：

第四天：信心

父啊！求祢開我的眼睛，好使我更清晰看到祢，更透切地細味體會祢，並更釋放地傳揚分享祢！

請你看為重要的字句圈起或間線：

耶和華啊！認識祢名的人要倚靠祢。因祢沒有離棄尋求祢的人。（詩篇9：10）
有人靠車，有人靠馬。但我們要題到耶和華我們神的名。（詩篇20：7）

請在以下一段為你和你的學生的禱告中，體會個中真理：

天父啊！祢的應許是信實的，祢以信實對待倚靠祢的人。我為_____禱告，願他們曉得祢的屬性，致使他們信靠祢的心得以成長。建立他們的信心，知道祢的名全然彰顯祢的權柄、能力和偉大的豐盛。幫助他們體會到祢就是他們的創造者、托著萬有者、供應者、醫治者和救贖者。攙扶他們走在渴望尋求祢的道上，知道祢是永遠不會離棄他們。祢是和平之君、求祢用全然的平安膏抹他們。祢是萬王之王，求祢以恩慈來統管他們。祢是自有、永有的大君，求祢給他們信心，在他們一切需用上信靠祢。願祢得著榮耀，他們得著造就。奉主得勝的名，阿門！

寫下你想與人分享的感想：

第五天：純潔

父啊！求祢開我的眼睛，好使我更清晰看到祢，更透切地細味體會祢，並更釋放地傳揚分享祢！

請你看為重要的字句圈起或間線:

清心的人有福了！因為他們必得見神。（馬太福音5：8）

請在以下一段為你和你的學生的禱告中，體會個中真理：

天父啊！感謝祢這一天命定了＿＿＿＿＿＿的位份，我為他們欣喜祈禱。耶穌說：清心的人有福了，因為他們必得見神。求賜他們在祢裏面滿溢的喜樂。不要讓他們因停滯於別的、虛假的承諾，而錯過親眼見祢而得的喜樂和讚嘆。讓他們看到祢偉大豐盛的願景，使他們知道心中的那些空虛的承諾無法作為，乃是祢的靈賦予他們純潔行徑的能力。今天就讓聖靈充滿他們，讓他們的純潔和喜樂傳送給身邊的人，在祢的輝煌中福杯滿溢。願祢得著榮耀，他們得著造就。奉主得勝的名，阿門！

寫下你想與人分享的感想：

第六天：言語

父啊！求祢開我的眼睛，好使我更清晰看到祢，更透切地細味體會祢，並更釋放地傳揚分享祢！

請你看為重要的字句圈起或間線：

多言多語，難免有過；禁止嘴唇，是有智慧。（箴言10：19）
說話浮躁的，如刀刺人；智慧人的舌頭，卻為醫人的良藥。口吐真言，永遠堅立；舌說謊話，只存片時。（箴言12：18-19）

請在以下一段為你和你的學生的禱告中，體會個中真理：

天父啊！謝謝祢賜給我們語言的天賦，賜我們用言語來表達自己的能力。是祢的智慧和恩典，使我們可以好好運用我們的言語。我禱告，當_____說話時，求祢祝福他們有智慧。使他們說話充滿從上面而來的智慧。在所到之處，成為醫人的良藥。幫助他們切莫說出浮躁的話，損害刺傷別人。願他們的嘴唇總是以愛心說誠實話。提醒他們，撒謊的舌頭終會帶來不良的後果。今天，就讓他們智慧地運用他們的言語。願祢得著榮耀，他們得著造就。奉主得勝的名，阿門！

寫下你想與人分享的感想：

第七天：行為

父啊！求祢開我的眼睛，好使我更清晰看到祢，更透切地細味體會祢，並更釋放地傳揚分享祢！

請你看為重要的字句圈起或間線:

耶和華是良善正直的，所以祂必指示罪人走正路。祂必按公平引領
謙卑人，將祂的道教訓他們。凡遵守祂的約和祂法度的人，耶和華都以慈愛誠實待他。（詩篇25：8–10）

請在以下一段為你和你的學生的禱告中，體會個中真理:

天父啊！我感謝祢，因為祢的一切作為，都是良善正直的。祢糾正我們的過犯，又指引我們行當走的路。我祈求祢賜給＿＿＿＿＿＿一顆謙卑的心，求祢加力給他們，叫他們凡事都遵從祢的引領；求賜他們有受教的心，對祢所定的各樣旨意，都作出合宜的回應。懇求祢幫助他們，能恆切地跟從祢慈愛和誠實的道路。願他們心知祢施恩予謙卑的人，就叫他們在生活上，凡事抵擋驕傲。願他們以祢的真理作為珍寶。願祢得著榮耀，他們得著造就。奉主得勝的名，阿門！

寫下你想與人分享的感想:

第四週

一週七天七素質

　　我的女兒常打趣地說，她何等喜歡用長途競賽的步伐，去跑短途賽。她每次這樣說，我便大笑出來。因為我對她的看法，全然認同。倘若我們在禱告時，也採用她的競跑戰略，我猜我們也可從中得益。其實，我所指的是：雖然每個禱告都很簡短，但這並不代表，你就要匆匆地把你的禱告作結。你大可按著自己的步伐進行，就好像你在做禱告漫步一樣。當你祈禱之際，就在你所選的字、用的詞、或作過的句子上，稍作流連，多思考片刻；不需要為著要說下一句禱文而匆忙，就讓神幫助你在長長的一天裏，慢慢體會每一個禱文的內容細節，就這樣享受著你的漫步式禱告生活吧！

第一天：恩惠

父啊！求祢開我的眼睛，好使我更清晰看到祢，更透切地細味體會祢，並更釋放地傳揚分享祢！

請你看為重要的字句圈起或間線：

…自己倒將生命、氣息、萬物、賜給萬人。…"我們生活、動作、存留、都在乎祂。"…（使徒行傳17：25，28）
使你與人不同的是誰呢？你有甚麼不是領受的呢？若是領受的，為何自誇，彷彿不是領受的呢？
（哥林多前書4：7）

請在以下一段為你和你的學生的禱告中，體會個中真理：

天父啊！每一個氣息都是按著祢的恩典和恩惠，白白而得來。就是今天_____都是從祢恩手中得著生命、氣息。世上萬物，他們生活、動作、存留，全都在乎祢。求祢保守他們不要把祢恆常恩惠的供應，看為理所當然。今日就賜給他們欣然的心，去珍惜每一個呼吸。又開他們的眼睛，好看見祢奇妙的托著萬有的厚恩，叫他們內心感恩滿載。願祢得著榮耀，他們得著造就。奉主得勝的名，阿門！

寫下你想與人分享的感想：

第二天：智慧

父啊！求祢開我的眼睛，好使我更清晰看到祢，更透切地細味體會祢，並更釋放地傳揚分享祢！

請你看為重要的字句圈起或間線：

智慧人的言語，好像刺棍；會中之師的言語，好像釘穩的釘子；都是一個牧者所賜的。我兒，還有一層，你當受勸戒：著書多，沒有窮盡；讀書多，身體疲倦；這些事都已聽見了。總意就是；：敬畏神謹守祂的誡命，這是人所當盡的本分。因為人所作的事，連一切隱藏的事，無論是善是惡，神都必審問。（傳道書12：11-14）

請在以下一段為你和你的學生的禱告中，體會個中真理：

天父啊！感謝祢為聖經諺語的能力，作出如此富有洞察力的總結。提醒我們智慧是出於祢，都是我們的大牧者所賜的。我祈禱_____會首先向祢求智慧。求祢賜給他們洞察力來決定從何處，並怎樣來尋求智慧。幫助他們在涉獵聖經格言裏，讓祢的話沁透在他們的生命中。讓聖靈的力量堅固他們，使他們能尊崇祢、順服祢，知道他們最終都是要向祢交帳。願祢得著榮耀，他們得著造就。奉主得勝的名，阿門！

寫下你想與人分享的感想：

第三天：愛心

父啊！求祢開我的眼睛，好使我更清晰看到祢，更透切地細味體會祢，並更釋放地傳揚分享祢！

請你看為重要的字句圈起或間線：

貪財是萬惡之根。有人貪戀錢財，就被引誘離了真道，用許多愁苦把自己刺透了。（提前6：10）你們存心不可貪愛錢財，要以自己所有的為足。因為主曾說：「我總不撇下你，也不丟棄你。」所以我們可以放膽說：「主是幫助我的，我必不懼怕，人能把我怎麼樣呢？」（來13：5-6）

請在以下一段為你和你的學生的禱告中，體會個中真理：

親愛的天父！我今天為＿＿＿＿＿禱告，深願他們的心，被祢自己及祢的慈愛所折服。這世上有很多誘惑，隨時可奪去他們愛祢的心。貪愛錢財就是其中一個，最明顯可以帶來悲劇的例子。聖經上說貪愛錢財是萬惡之根源。莫讓他們在生活中為金錢賣命。願祢的榮耀和別人的益處，成為他們一生追求的基本目標。保守他們不要因對未知的恐懼，而陷入依靠金錢的試探。賜他們信心，讓他們明白祢永不會離棄他們，祢是他們的幫助，在祢裏面無須懼怕。願祢得著榮耀，他們得著造就。奉主得勝的名，阿們！

寫下你想與人分享的感想：

第四天：信心

父啊！求祢開我的眼睛，好使我更清晰看到祢，更透切地細味體會祢，並更釋放地傳揚分享祢！

請你看為重要的字句圈起或間線：

懼怕人的陷入網羅。惟有倚靠耶和華的，必得安穩。（箴言29：25）

請在以下一段為你和你的學生的禱告中，體會個中真理：

天父啊！我求祢幫助＿＿＿＿＿＿要不懼怕人。因為懼怕人會使他們的心思陷入網羅。求祢讓他們從這些圈套和艱難中解脫出來，以致懼怕不再盤踞在他們的心思意念中。使他們信賴祢，以致祢可以在他們心靈裏居首位。祢是他們安全的保障，惟獨祢才能讓他們從懼怕人的景況中釋放出來。願他們今天所想的、所講的和所作的一切，都受祢所管治。願祢得著榮耀，他們得著造就。奉主得勝的名，阿門！

寫下你想與人分享的感想：

第五天：純潔

父啊！求祢開我的眼睛，好使我更清晰看到祢，更透切地細味體會祢，並更釋放地傳揚分享祢！

請你看為重要的字句圈起或間線：

你要保守你心，勝過保守一切。因為一生的果效，是由心發出。（箴言4：23）

又說：「從人裏面出來的，那纔能污穢人。因為從裏面，就是從人心裏，發出惡念、苟合、偷盜、兇殺、姦淫、貪婪、邪惡、詭詐、淫蕩、嫉妒、謗讟、驕傲、狂妄，這一切的惡，都是從裏面出來，且能污穢人。」（馬可福音7：20－23）

請在以下一段為你和你的學生的禱告中，體會個中真理：

天父啊！在我們追求祢的信實和追求像祢般聖潔時，我們明白到有些行動比另一些行動更為重要。在這裏，守護我們的心，尤其重要。我祈求_____能操練自己，去保守自己的心，勝過保守一切。讓聖靈的大能，保衛他們的心，幫助他們看到，他們內心在那一方面需要加強保護。幫助他們找到良友，互相鼓勵，下決心去保衛他們的心。就讓他們清楚看見，無心守護心靈的人，他們的生活是多麼失落。讓聖靈充滿他們，使他們的心靈，像江河活水，恩澤湧流。願祢得著榮耀，他們得著造就。奉主得勝的名，阿門！

寫下你想與人分享的感想：

第六天：言語

父啊！求祢開我的眼睛，好使我更清晰看到祢，更透切地細味體會祢，並更釋放地傳揚分享祢！

請你看為重要的字句圈起或間線：

回答柔和，使怒消退：言語暴戾，觸動怒氣。智慧人的舌，善發知識：愚昧人的口，吐出愚昧：…… 溫良的舌，是生命樹：乖謬的嘴，使人心碎。（箴言15：1-2，4）

請在以下一段為你和你的學生的禱告中，體會個中真理：

天父啊！謝謝祢！柔和的話、溫良的舌，滿有能力。我求祢為_____預備良友，他們都是慷慨恩慈、能說柔和、溫良話語的人。同時我祈求讓他們自己，也能同樣用溫柔的說話對待他人。使他們的言語，遠離憤怒，結出生命的果子。讓智慧從他們的嘴唇而出，他們的舌頭，善發知識，讓聽見的人生命得福。保護他們不要去說，也不去聽，那些會挑起憤怒和仇恨的話。當乖謬的言語圍繞他們身邊發出時，給他們有寬宏的態度去改變話題的能力。不要讓邪惡和暴戾的話，以任何方式傷害他們。幫助他們掌握祢的真理，好使他們能夠克服任何針對他們的虛謊的話。願祢得著榮耀，他們得著造就。奉主得勝的名，阿門！

寫下你想與人分享的感想：

第七天：行為

父啊！求祢開我的眼睛，好使我更清晰看到祢，更透切地細味體會祢，並更釋放地傳揚分享祢！

請你看為重要的字句圈起或間線：

諸天哪！要因此驚奇，極其恐慌，甚為淒涼，這是耶和華說的。因為我的百姓，作了兩件惡事：就是離棄我這活水泉源，為自己鑿出池子，是破裂不能存水的池子。（耶利米書2：12-13）

請在以下一段為你和你的學生的禱告中，體會個中真理：

天父啊！感謝祢！祢是我們活水泉源，是我們心中惟一的滿足。祈求＿＿＿＿＿＿也盡心相信，祢就是他們全然滿足的最終泉源。求祢叫他們警醒，不致隱隱地偏離祢，轉往別處尋找快樂而仍不自覺。求使他們看得見，若遠離祢，他們將要承受沉重的虧損，甚至淒涼。求祢幫助他們脫離虛妄，不要以為單靠自己的門路，可以尋得快樂。若他們曾經輕忽地尋求祢，或蔑視與祢建立的關係，求祢饒恕他們。深願祢在他們心中造出活水泉源，渴慕凡事都以祢和祢的道路為依歸。堅固他們，好去幫助身邊的人，轉離自己虛無的生活方式，回到祢裏面尋得豐滿的喜樂。願祢得著榮耀，他們得著造就。奉主得勝的名，阿門！

寫下你想與人分享的感想：

第五週

恩惠

　　曉得感恩，就是認識到萬事萬物都是出於神的慈愛，並認同祂確實已將萬物賜給我們。我們所呼吸的每一口氣，是祂大愛所賜的厚恩；我們存活的每一刻，也是祂的恩典。一切偉大豐盛恩慈，都是從神而來。

　　-- 當波斯達馬 (Don Posterma) --

　　無論作甚麼，或說話、或行事，都要奉主耶穌的名，藉著祂感謝父神。（哥羅西書3：17）

　　不住的禱告，凡事謝恩。因為這是神在基督耶穌裏，向你們所定的旨意。（帖撒羅尼迦前書5：17 - 18）

第一天：恩惠

父啊！求祢開我的眼睛，好使我更清晰看到祢，更透切地細味體會祢，並更釋放地傳揚分享祢！

請你看為重要的字句圈起或間線：

我原是使徒中最小的，不配稱為使徒，因為我從前逼迫神的教會。然而我今日成了何等人，是蒙神的恩纔成的。並且祂所賜我的恩，不是徒然的。我比眾使徒格外勞苦，這原不是我，乃是神的恩與我同在。（哥林多前書15：9－10）

請在以下一段為你和你的學生的禱告中，體會個中真理：

天父啊！祢的恩典和恩惠，是人所不能參透的。但我仍然要向祢為＿＿＿＿＿祈求，叫他們看見，並能體會到祢的恩典的個中價值。萬不容讓他們有一刻看待祢的恩典如同無物。求讓他們看到祢恩典的大能，是如何堅固他們，使他們更殷勤去達成祢的旨意。就叫他們醒悟到，他們生活上一切的豐盛，以及世上各樣的美善，總是有祢恩典在背後，使每一樣得著成就。求賜他們有渴慕祢恩典的心，又叫他們不竭地藉著禱告，去尋求祢的恩惠。願祢得著榮耀，他們得著造就。奉主得勝的名，阿門！

寫下你想與人分享的感想：

第二天：恩惠

父啊！求祢開我的眼睛，好使我更清晰看到祢，更透切地細味體會祢，並更釋放地傳揚分享祢！

　　請你看為重要的字句圈起或間線：

求祢使我們早早飽得祢的慈愛，好叫我們一生一世歡呼喜樂。（詩篇90：14）

請在以下一段為你和你的學生的禱告中，體會個中真理：

天父啊！求祢每天都按著祢所應許的供應
＿＿＿＿＿＿。讓他們快樂，心之所想得到滿足。唯獨祢可以讓他們的心得滿足，使他們一生一世得喜樂。我祈求祢早早讓他們飽得祢的慈愛，不要讓他們被世界空洞的許諾欺騙。讓他們的眼目從早晨到夜晚，見證祢的慈愛。當他們每次看到祢的慈愛的時候，喚醒他們心中的味蕾，來細味體會祢愛的甘甜；當他們每一天為祢而活的時候，讓他們自由地分享在祢慈愛裏的滿足。願祢得著榮耀，他們得著造就。奉主得勝的名，阿門！

　　寫下你想與人分享的感想：

第三天：恩惠

父啊！求祢開我的眼睛，好使我更清晰看到祢，更透切地細味體會祢，並更釋放地傳揚分享祢！

請你看為重要的字句圈起或間線：

在至高之處，榮耀歸與神；在地上平安，歸與祂所喜悅的人。（路加福音2：14）
願賜平安的主，隨時隨事親自給你們平安。願主常與你們眾人同在。（帖撒羅尼迦後書3：16）

請在以下一段為你和你的學生的禱告中，體會個中真理：

親愛的天父！當祢差遣天使來到世上，宣告榮耀歸與祢，平安歸與我們---尤其是平安歸與你所喜悅的人。求讓他們在祢面前蒙恩寵。願祢 的恩惠今日就臨到_____身上。讓他們知道祢所賜的，是出人意外的平安。讓他們困苦流離的心降服於祢。祢以平安管治他們，讓他們渴慕平安，就是藉著主耶穌基督賜給這世界的平安。幫助他們明白在耶穌基督裏的平安，能使他們得以自由，是這世界所沒有的。願祢得著榮耀，他們得著造就。奉主得勝的名，阿門！

寫下你想與人分享的感想：

第四天：恩惠

父啊！求祢開我的眼睛，好使我更清晰看到祢，更透切地細味體會祢，並更釋放地傳揚分享祢！

請你看為重要的字句圈起或間線：

既是這樣，還有甚麼說的呢？神若幫助我們，誰能敵擋我們呢？神既不愛惜自己的兒子為我們眾人捨了，豈不也把萬物和祂一同白白的賜給我們麼？（羅馬書8：31-32）

請在以下一段為你和你的學生的禱告中，體會個中真理：

天父啊！我今天向祢禱告，願_____能感受到祢對他們是何等恩慈。不要讓他們錯過祢在基督裏為他們所做的奇事。讓他們的心和靈，都因祢豐盛的大愛而讚歎。使他們在生命中都在尋求祢恩惠的同在。祢的保守和祢的供應。提醒他們，天下萬物都是在基督裏為他們造成的。天父啊！世間上，再沒有比祢犧牲自己的獨生子更大的恩惠和賜予了！讓耶穌基督的生、死和復活的意義，進入他們的心和靈的深處。因著羅馬書第八章卅一和卅二節的真理，讓他們對上帝產生堅定的信心。願祢得著榮耀，他們得著造就。奉主得勝的名，阿門！

寫下你想與人分享的感想：

第五天：恩惠

父啊！求祢開我的眼睛，好使我更清晰看到祢，更透切地細味體會祢，並更釋放地傳揚分享祢！

請你看為重要的字句圈起或間線：

願主我們神的榮美，歸於我們身上，願祢堅立我們手所的工——我們手所作的工，願祢堅立！
（詩篇90：17）

請在以下一段為你和你的學生的禱告中，體會個中真理：

天父啊！今天我為＿＿＿＿＿＿祈禱，祈求他們知道他們工作順利，乃是祢的恩典。祈求祢幫助他們認識到，無論他們雙手作什麼工作，都是為榮耀祢而作的。明白祢創造他們，是叫他們多作善工。如今他們理應在他們被召的工作崗位上盡忠，願祢堅立他們手所作的工，。讓他們清楚知道祢的供應、保護、同在和美意，都是祢恩手的賜予。在工作中，讓他們喜樂，更使別人因與他們同工而喜樂。願他們因有機會學習真道，而感歡暢。願他們勤奮好學，把一切榮耀都歸與祢。願他們生活過得更好、更豐盛。願祢得著榮耀，他們得著造就。奉主得勝的名，阿門！

寫下你想與人分享的感想：

第六天：恩惠

父啊！求祢開我的眼睛，好使我更清晰看到祢，更透切地細味體會祢，並更釋放地傳揚分享祢！

請你看為重要的字句圈起或間線：

祂顧念我們在卑微的地步，因祂的慈愛，永遠長存！祂救拔我們脫離敵人，因祂的慈愛，永遠長存！祂賜糧食給凡有血氣的，因祂慈愛，永遠長存！你們要稱謝天上的神，因祂的慈愛，永遠長存！（詩篇136：23-26）

請在以下一段為你和你的學生的禱告中，體會個中真理：

天父啊！祢對_____的慈愛，永遠長存。透過祢的恩典和恩惠，讓他們能夠瞭解和體會祢對他們的慈愛。主啊！今天不論他們面對任何使得他們氣餒的事情，求祢記念他們，使他們有希望。賜給他們能力，辨別那些可能傷害他們的人，求祢守衛，保護他們。讓他們的眼目看見祢的供應，激發他們心中對祢深深的感恩。願祢得著榮耀，他們得著造就。奉主得勝的名，阿門！

寫下你想與人分享的感想：

第七天：恩惠

父啊！求祢開我的眼睛，好使我更清晰看到祢，更透切地細味體會祢，並更釋放地傳揚分享祢！

請你看為重要的字句圈起或間線：

愛子是那不能看見之神的像，是首生的，在一切被造的以先，因為萬有都是靠祂造的。無論是天上的、地上的；能看見的、不能看見的；或是有位的、主治的、執政的、掌權的，一概都是藉著祂造的，又是為祂造的。祂在萬有之先，萬有也靠祂而立。（歌羅西書1：15-17）

請在以下一段為你和你的學生的禱告中，體會個中真理：

親愛的天父！歌羅西書一章十五至十七節的經文，訊息是清清楚楚的：生命的一切皆在乎耶穌。這話表明了，世間萬物皆因耶穌而存在和延續，萬物不但藉著祂而造，也是為祂而造。讓_____明白和領會，耶穌是萬物的中心。讓他們的心靈在祢裏面有無比的歡欣。並保守這歡欣永不止息，好叫他們每一天都有從主而來的感悟、眼光和喜樂。願祢得著榮耀，他們得著造就。奉主得勝的名，阿門！

寫下你想與人分享的感想：

第六週

智 慧

　　祈禱其中最美的地方，就是在於它不只是單向性的。祈禱不只是一個發洩的渠道，讓我們向神宣洩心中種種，然後心情得以平服過來。其實，神也會在我們向祂祈禱時與我們說話，只要我們有停下來，靜心聆聽。神會藉著祂的道和祂的靈，叫人得著引導，悟性和堅定的信念。　你可以肯定祂向你所發的意念，絕不會與祂的道中的真理背道而馳。所以，每當你面對世上任何疑難或問題，只管向祂祈求，祂必給你引導，賜你悟性，甚至叫你信心穩固。不要懼怕 － 祂唯願把最好的給你。

　　神阿、求你鑒察我、知道我的心思、試煉我、知道我的意念。　　看在我裡面有甚麼惡行沒有、引導我走永生的道路。（詩篇 139: 23-24）

第一天：智慧

父啊，求祢開我的眼睛，好使我更清晰看到祢，更透切地細味體會祢，並更釋放地傳揚分享祢.

請將你看為重要的字句圈起或間線：

耶和華如此說、智慧人不要因他的智慧誇口、勇士不要因他的勇力誇口、財主不要因他的財物誇口。誇口的卻因他有聰明、認識我是耶和華、又知道我喜悅在世上施行慈愛公平和公義、以此誇口。這是耶和華說的。 (耶利米書 9: 23-24)

請在以下一段為你和你的學生的禱告中，體會個中真理：

父啊，今天我向祢祈求，不叫＿＿＿＿＿＿＿以自己的智慧誇口，或用自己的智慧去釐定自我的形象。求保守他們不因自己有聰明就沾沾自喜，自以為勝人一籌。願他們在祢裡面找著真我。開他們的眼目，看到那裡需要祢的慈愛，公平和公義，就把祢的智慧放用於那裡。又賜他們堅定的心志，要面對的無論多大多難，仍能忠心竭盡所能。願祢得著榮耀，他們得著造就。奉耶穌名求，阿們。

寫下你想與人分享的感想：

第二天：智慧

父啊，求祢開我的眼睛，好使我更清晰看到祢，更透切地細味體會祢，並更釋放地傳揚分享祢.

請將你看為重要的字句圈起或間線：

人不可自欺。你們中間若有人在這世界自以為有智慧，倒不如變做愚拙，好成為有智慧的。因這世界的智慧在神看是愚拙，如經上記著說：「主叫有智慧的中了自己的詭計」，又說：「主知道智慧人的意念是虛妄的。」 21 所以，無論誰都不可拿人誇口，因為萬有全是你們的，或保羅，或亞波羅，或磯法，或世界，或生，或死，或現今的事，或將來的事，全是你們的；並且你們是屬基督的，基督又是屬神的。(哥林多前書書3: 18-23)

請在以下一段為你和你的學生的禱告中，體會個中真理：

天父，我們很容易受到蒙蔽，認為世界的方法是聰明的。我祈求祢保護＿＿＿＿＿＿＿不中這個詭計。賜給他們在祢裏面的信心來代替他們在人身上的信心。幫助他們完全地倚靠祢，知道萬有全是屬於祢的，所以他們若要誇口是因祢而誇口。給他們在祢裏面的大喜樂，因為祢是真理的源頭。 願祢得著榮耀，他們得著造就. 奉耶穌名求，阿們。

寫下你想與人分享的感想：

第三天: 智慧

父啊，求祢開我的眼睛，好使我更清晰看到祢，更透切地細味體會祢，並更釋放地傳揚分享祢.

請將你看為重要的字句圈起或間線:

就為你們不住地感謝神，禱告的時候，常提到你們，求我們主耶穌基督的神，榮耀的父，將那賜人智慧和啟示的靈賞給你們，使你們真知道他。並且照明你們心中的眼睛，使你們知道他的恩召有何等指望，他在聖徒中得的基業有何等豐盛的榮耀；並知道他向我們這信的人所顯的能力是何等浩大，就照他在基督身上所運作的大能大力，使他從死裏復活，叫他在天上坐在自己的右邊。
(以弗所書 1：16- 20)

請在以下一段為你和你的學生的禱告中，體會個中真理:

親愛的天父，我為＿＿＿＿＿＿＿禱告，求祢將那賜人知識，智慧和啟示的靈賞給他們。照明他們心中的眼睛，讓他們接受這些賞賜所帶來的各種美善。讓他們滿懷盼望和期待，看到祢為他們存留的是何等奇妙的產業。讓他們在祢無比的大能中，就是那讓耶穌從死裏復活的大能中安穩得力。莫讓他們安於過一種生活，是沒有聖靈的能力的。願祢得著榮耀，他們得著造就。奉耶穌名求，阿們。

寫下你想與人分享的感想:

第四天：智慧

父啊，求祢開我的眼睛，好使我更清晰看到祢，更透切地細味體會祢，並更釋放地傳揚分享祢.

　　　請將你看為重要的字句圈起或間線：

你們要愛惜光陰，用智慧與外人交往。(歌羅西書 4: 5)
你們要謹慎行事，不要像愚昧人，當像智慧人。要愛惜光陰，因為現今的世代邪惡。 不要作糊塗人，要明白主的旨意如何。不要醉酒，酒能使人放蕩，乃要被聖靈充滿。(以弗所書 5: 15- 18)

請在以下一段為你和你的學生的禱告中，體會個中真理：

天父，我為 ＿＿＿＿＿ 向祢禱告，願他們能謹慎地生活。使得他們知道每一個決定都要承受結果。幫助他們持續遠離邪惡。當他們軟弱時差遣堅強的朋友進入他們的生活，來幫助他們為自己的行為負責。提醒他們受造原本是要向這個世界彰顯祢的榮美。給他們意志每天去追求公義。祢的道是屬靈的寶劍可以刺穿這個世界裏的謊言。給他們堅定的意願，每天沐浴在祢的真理中以致他們可以被祢的靈所充滿。願祢得著榮耀，他們得著造就. 奉耶穌名求，阿們。

　　　寫下你想與人分享的感想：

第五天：智慧

父啊，求祢開我的眼睛，好使我更清晰看到祢，更透切地細味體會祢，並更釋放地傳揚分享祢．

請將你看為重要的字句圈起或間線：

我所禱告的，就是要你們的愛心在知識和各樣見識上多而又多，使你們能分別是非，做誠實無過的人，直到基督的日子；並靠著耶穌基督結滿了仁義的果子，叫榮耀稱讚歸於神。（腓立比書 1:9-11)

請在以下一段為你和你的學生的禱告中，體會個中真理：

天父，我祈求使徒保羅的話今天在 ＿＿＿＿＿＿ 的身上彰顯。因為祢的愛在他們內心成長紮根，從而使他們有智慧正確分辨對和錯。藉著他們對祢的愛加深，幫助他們更洞悉祢對他們的愛，賜他們能力活出生命，展示出何謂是非分明純潔無瑕，誠實無過的生命，使他們得著聖靈的能力，結出仁義的善果。願祢得著榮耀，他們得著造就。奉耶穌名求，阿們。

寫下你想與人分享的感想：

第六天: 智慧

父啊，求祢開我的眼睛，好使我更清晰看到祢，更透切地細味體會祢，並更釋放地傳揚分享祢.

請將你看為重要的字句圈起或間線:

但你所學習的、所確信的，要存在心裡，因為你知道是跟誰學的，並且知道你是從小明白聖經，這聖經能使你因信基督耶穌有得救的智慧。聖經都是神所默示的, 於教訓、督責、使人歸正、教導人學義都是有益的，叫屬神的人得以完全，預備行各樣的善事。(提摩太後書 3: 14-17)

請在以下一段為你和你的學生的禱告中, 體會個中真理:

天父，沒有任何事比面對面認識祢，與祢建立個人關係更重要。當＿＿＿＿＿在透過研讀祢的聖言，追求與祢有深刻的委身的關係時，求祢給他們智慧。不要讓他們被這個世界的謊言所欺騙。向他們保證，耶穌是唯一的道路使他們得救和與祢建立關係。給他們一顆受教的心，當他們被祢的道所吸引時，願他們承受祢的道所帶來的各樣益處。願他們自由釋放地分享祢的道和真理時，靈性興旺。願祢得著榮耀，他們得著造就. 奉耶穌名求，阿們。

寫下你想與人分享的感想:

第七天: 智慧

父啊，求祢開我的眼睛，好使我更清晰看到祢，更透切地細味體會祢，並更釋放地傳揚分享祢.

請將你看為重要的字句圈起或間線:

你們中間誰是有智慧，有見識的呢? 他就當在智慧的溫柔上顯出他的善行來…。惟獨從上頭來的智慧，先是純潔，後是和平，溫良柔順，滿有憐憫，多結善果，沒有偏見，沒有假冒。並且使人和平的，是用和平所栽種的義果。(雅各書 3: 13, 17- 18)

請在以下一段為你和你的學生的禱告中，體會個中真理:

親愛的天父，聰明人結出充滿智慧的果子。我為 _____ 禱告，願他們渴慕祢的智慧，並滿懷謙卑地追求智慧，賜他們機敏的能力辨別，從祢而來的智慧 。讓他們結出純潔，和平，溫良柔順，沒有偏見，沒有假冒的智慧的善果。讓那些明白並活出祢美好旨意的人，進入他們的生命。願他們的人生結出和平所栽種的義果。願祢得著榮耀，他們得著造就。奉耶穌名求，阿們。

寫下你想與人分享的感想:

第七週

愛心

主啊，求賜我們一顆慈愛的心，不為無謂的愛戀所拖累； 求賜一顆頑強不屈的心志，不為任何試煉所磨損；求賜一顆正直的心，不為無價值的目標所牽引。主啊我神，藉著耶穌基督我們的主，求祢賜給我們的悟性去認識祢，殷勤去尋求祢，智慧去尋見祢，賜我們忠誠最終可以懷抱祢的愛。

-- 聖多馬亞堅拿 (St. Thomas Aquinas) --

第一天: 愛心

父啊，求祢開我的眼睛，好使我更清晰看到祢，更透切地細味體會祢，並更釋放地傳揚分享祢.

請將你看為重要的字句圈起或間線:

愛是恆久忍耐、又有恩慈. 愛是不嫉妒. 愛是不自誇. 不張狂. 不作害羞的事. 不求自己的益處. 不輕易發怒. 不計算人的惡. 不喜歡不義. 只喜歡真理. 凡事包容. 凡事相信. 凡事盼望. 凡事忍耐。愛是永不止息. 先知講道之能、終必歸於無有. 說方言之能、終必停止、知識也終必歸於無有。(哥林多前書 十三: 4-8)

請在以下一段為你和你的學生的禱告中，體會個中真理:

父啊，祢的慈愛永遠長存! 今天我向祢祈求， 願 _____能透過他人領受到祢的慈愛。求叫他們曉得祢對他們的恆久忍耐，並時刻感受到祢的恩慈。願他們在祢面前蒙恩，今天就能蹅上滿有主愛的人。又叫他們今天能以祢的慈愛去接待別人，就算遇上自誇張狂的人，也能以忍耐和恩慈相待。願他們在那些只顧自己益處的人面前仍能散發出基督的香氣。求祢用祢奇異的大愛去堅固他們，叫他們能凡事相信，凡事盼望，凡事忍耐。願祢得著榮耀，， 他們得著造就。奉耶穌名求，阿們。

寫下你想與人分享的感想:

第二天：愛心

父啊，求祢開我的眼睛，好使我更清晰看到祢，更透切地細味體會祢，並更釋放地傳揚分享祢.

　　　請將你看為重要的字句圈起或間線：

我賜給你們一條新命令，乃是叫你們彼此相愛；我怎樣愛你們，你們也要怎樣相愛。你們若有彼此相愛的心，眾人因此就認出你們是我的門徒了。（約翰福音 13:34-35）

請在以下一段為你和你的學生的禱告中，體會個中真理：

天父，我今天為＿＿＿＿＿＿禱告，願他們能信奉祢的命令彼此相愛。給他們能看的眼，頓悟的心知曉祢是如何愛他們每一個。讓他們明白祢對他們的愛是何等的長闊高深，以致於他們能全然地愛別人。幫助他們喜愛並遵從祢的命令，每天努力地彼此相愛，讓這個世界知道他們是屬於祢的。保守他們不要誤以為輕忽不愛別人可被視為屬於祢的人。祢的兒女之所以愛是因為祢先愛他們。願祢得著榮耀，他們得著造就. 奉耶穌名求，阿們。

　　　寫下你想與人分享的感想：

第三天：愛心

父啊，求祢開我的眼睛，好使我更清晰看到祢，更透切地細味體會祢，並更釋放地傳揚分享祢.

請將你看為重要的字句圈起或間線：

愛裏沒有懼怕；愛既完全，就把懼怕出去，因為懼怕裏含著刑罰。懼怕的人在愛裏未得完全。我們愛，因為神先愛我們。人若說，"我愛神"，卻恨他的弟兄，就是說謊話的；不愛他所看見的弟兄，就不能愛沒有看見的神。愛神的，也當愛弟兄，這是我們從神所受的命令。(約翰一書4：18-21)

請在以下一段為你和你的學生的禱告中，體會個中真理：

親愛的天父，求祢開_____的心，讓他們坦然面對他們的懼怕，並讓他們相信祢全能的愛能幫助他們戰勝懼怕。讓他們將任何懼怕都帶到祢的面前。祢完全的愛必將它們一一化解。我為他們禱告，願他們明白在耶穌基督裏祢的愛使他們得自由。請幫助他們懂得祢對他們的愛會轉化為他們對他人的愛。他們的愛在那裏軟弱，祢就在那裏堅固他們。造就他們寬廣的愛心，愛祢愛人，幫助他們細嚼從祢完全的愛而來的自由，並促使他們熱切地向世人傳揚祢完全的愛。願祢得著榮耀，他們得著造就。 奉耶穌名求，阿們。

寫下你想與人分享的感想：

第四天: 愛心

父啊，求祢開我的眼睛，好使我更清晰看到祢，更透切地細味體會祢，並更釋放地傳揚分享祢.

請將你看為重要的字句圈起或間線:

神差他獨生子到世間來，使我們借著他得生，神愛我們的心，在此就顯明了。不是我們愛神，乃是神愛我們，差他的兒子，為我們的罪作了挽回祭，這就是愛了。親愛的弟兄阿，神既是這樣愛我們，我們也當彼此相愛。（約翰一書4: 9- 11）

請在以下一段為你和你的學生的禱告中，體會個中真理:

天父，感謝祢因為祢的愛已經在基督裏顯明！求祢使 _____ 能抓緊祢差獨生子到世間來的大愛。幫助他們看到是他們的罪使他們與祢隔絕，而祢卻通過耶穌的犧牲，使神人和好。讓他們細味祢為他們的罪犧牲的愛是何等甘甜。因著祢的大愛和供應使他們的心充滿無盡感恩。賜他們捨己的愛作為他們生命的獨特印記。幫助他們在基督裏彼此相愛正如祢愛他們一樣。開他們的眼睛使他們今天能看見如何把祢的愛獻給別人。願祢得著榮耀，他們得著造就. 奉耶穌名求，阿們。

寫下你想與人分享的感想:

第五天: 愛心

父啊，求祢開我的眼睛，好使我更清晰看到祢，更透切地細味體會祢，並更釋放地傳揚分享祢.

請將你看為重要的字句圈起或間線:

神愛世人，甚至將他的獨生子賜給他們，叫一切信他的不致滅亡，反得永生。因為神差他的兒子降世，不是要定世人的罪，乃是要叫世人因他得救。信他的人不被定罪，不信的人罪已經定了，因為他不信神獨生子的名。 (約翰福音 3: 16- 18)

請在以下一段為你和你的學生的禱告中，體會個中真理:

天父，請讓＿＿＿＿＿＿的眼睛看到祢對世人的愛，讓他們感領祢賜下獨生兒子耶穌的偉大犧牲可使他們得永生。幫助他們感悟到耶穌來這世上不是定人的罪乃是拯救世人。保守他們的思想，不要讓他們覺得信耶穌沒有什麼大不了。不要讓他們低估拒絕神的兒子耶穌的嚴重後果，乃是不信的人罪已經定了。祈求祢給他們一股源動力，向別人傳福音，邀請未信的人信靠耶穌，作為他們生命之主，因此得永生，就是從今時直到永遠的生命。願祢得著榮耀，他們得著造就。奉救贖我們的耶穌名求，阿們。

寫下你想與人分享的感想:

第六天: 愛心

父啊，求祢開我的眼睛，好使我更清晰看到祢，更透切地細味體會祢，並更釋放地傳揚分享祢.

請將你看為重要的字句圈起或間線:

親愛的弟兄啊，我們應當彼此相愛，因為愛是從神來的。凡有愛心的，都是由神而生，並且認識神。 沒有愛心的，就不認識神，因為神就是愛。(約翰一書 4: 7- 8)

請在以下一段為你和你的學生的禱告中，體會個中真理:

天父，打開_____心中的眼睛使他看到愛是從祢而來。 除了祢和祢的愛，他們的心無法從別處得到滿足。讓他們深切地渴慕祢的愛。 賜予他們愛人的心， 因知道，愛人的心是從祢而生及從認識祢而來的。不要讓他們輕看愛人的重要性。不要讓他們對人有任何仇恨， 苦毒 或鄙視。幫助他們掌握真理，就是如果我們的生命沒有活出祢的愛， 那麼無論我們說什麼，我們都可能並沒有真正的認識祢，因為祢是愛！願祢得著榮耀，他們得著造就。奉耶穌名求，阿們。

寫下你想與人分享的感想:

第七天: 愛心

父啊，求祢開我的眼睛，好使我更清晰看到祢，更透切地細味體會祢，並更釋放地傳揚分享祢.

請將你看為重要的字句圈起或間線:

因我們還軟弱的時候，基督就按所定的日期為罪人死。 為義人死是少有的，為仁人死或者有敢做的； 唯有基督在我們還做罪人的時候為我們死，神的愛就在此向我們顯明了。(羅馬書 5: 6- 8)

請在以下一段為你和你的學生的禱告中，體會個中真理:

天父，感謝祢透過拯救那些被認為不可救葯的人向我們顯明祢的大愛。幫助_____看到祢為他們所作出的犧牲有多大。讓他們目睹這偉大的犧牲的愛如何被頌揚。幫助他們軟弱的心靈能感受到祢無限豐盛的供應。激發他們凡事都能感恩，因為祢把他們從黑暗的權勢中拯救出來，並且在他們裏面建立祢 愛子耶穌的國度。願祢得著榮耀，他們得著造就。奉耶穌名求，阿們。

寫下你想與人分享的感想:

第八週

信 心

　　親自為自己的學生代禱是令人振奮的，但我在此很想鼓勵你去擴闊你的禱告圈子。就是說，每星期一次，約定一位也肩擔禱告勇士職責的朋友，與你一起禱告。倘若負擔有過於你所能及的，就考慮每月一次。逐漸你會發覺到，與友結伴一起使用這本禱告手冊順序祈禱，既簡易，且又能彼此互勵互勉。 也許你會深受鼓舞，自行設立一個禱告勇士的祈禱小組，藉以加強你們為下一代代禱的力量!

　　因為無論在那裡、有兩三個人奉我的名聚會、那裡就有我在他們中間。

(馬太福音 18: 20)

第一天：信心

父啊！求祢開我的眼睛，好使我更清晰看到祢，更透切地細味體會祢，並更釋放地傳揚分享祢！

請將你看為重要的字或句圈起或間線：

人非有信、就不能得　神的喜悅．因為到　神面前來的人、必須信有神，且信他賞賜那尋求他的人。（希伯來書 11：6）

請在以下一段為你和你的學生的禱告中，體會個中真理：

父啊，人非有信，就不能得著祢的喜悅。今天我為
＿＿＿＿＿＿＿＿祈求，求使他們有信活在心中，促使他們有澎湃的渴慕去討祢喜悅。又叫他們積極渴求與祢親近。每日每天，或在種種關係徘徊著，或在職業前途打拼著，或苦或樂，求增添他們信心去認定祢，信靠祢。願他們以祢為他們信仰的核心，只要凡是出於祢的，就叫他們心滿意足。願他們都能得著這樣的心，好成為他們的賞賜。願神得著榮耀，他們得著造就，奉耶穌名求，阿們。

你若有任何領受或看見，請在下面分享：

第二天: 信心

父啊！求祢開我的眼睛，好使我更清晰看到祢，更透切地細味體會祢，並更釋放地傳揚分享祢！

請將你看為重要的字或句圈起或間線:

我們既有這許多的見證人，如同雲彩圍著我們，就當放下各樣的重擔，脫去容易纏累我們的罪，存心忍耐，奔那擺在我們前頭的路程，仰望為我們信心創始成終的耶穌。他因那擺在前面的喜樂，就輕看羞辱，忍受了十字架的苦難，便坐在神寶座的右邊。（希伯來書 12: 1-2）

請在以下一段為你和你學生的禱告中，體會個中的真理:

天父，祢呼召我們去奔跑而不是衝刺。我今日祈求_____ 能存心忍耐在天路上奔跑。不要讓他們遇到困難的時候就跑岔了路。以那些已經跑過的前人的見證來激勵他們，讓他們放下各樣纏累他們的重擔，把他們從罪中釋放，讓他們原諒那些曾經得罪過他們的人。讓他們仰望為信心創始成終的祢。給他們力量來奔跑前頭的路程。給他們在祢裏面的喜樂，使他們得滿足和力量，驅動他們在信心中前進，為榮耀祢謀大事。願神得著榮耀，他們得著造就，奉耶穌名求，阿們。

寫下你想與人分享的感想:

第三天：信心

父啊！求祢開我的眼睛，好使我更清晰看到祢，更透切地細味體會祢，並更釋放地傳揚分享祢！

請將你看為重要的字或句圈起或間線：

堅心依賴你的，你必保守他十分平安，因為他倚靠你．你們當倚靠耶和華直到永遠，因為耶和華是永久的磐石．（賽 26：3-4）

請在以下一段為你和你學生的禱告中，體會個中的真理：

親愛的天父，祢賜十分的平安給堅信你的人。我為_____禱告，願他們從今天開始，定意在祢的身上。 幫助他們在面對恐懼，擔心，或焦慮的時候，轉向尋求祢，因為只有在祢裏面，他們才有真正的自由。幫助他們明白，他們所經歷的任何平安都是信靠祢的結果，讓他們知道祢是那永久的磐石，是唯一值得信靠的。願他們倚靠祢直到永遠，奉耶穌名求，阿們。

寫下你想與人分享的感想：

第四天：信心

父啊！求祢開我的眼睛，好使我更清晰看到祢，更透切地細味體會祢，並更釋放地傳揚分享祢！

　　請將你看為重要的字或句圈起或間線：

耶穌對他說，你若能信，在信的人，凡事都能。孩子的父親立時喊著說，我信。但我信不足，求主幫助。（馬可福音 9:23-24）

請在以下一段為你和你學生的禱告中，體會個中的真理：

天父感謝祢在聖經話語中給我們的應許。感謝祢把盼望賜給你的兒女，就是那些在他們生命中信靠你的人。我祈求祢開 _____ 的眼睛看到祢的應許。幫助他們認清楚自己是否有信心。如果他們沒有信心，使他們能謙卑地向祢呼求："我信。但我信不足，求主幫助！"在他們簡單地求更大的信心時，賜他們喜樂。天父，增強他們的信心！願神得著榮耀，他們得著造就，奉耶穌名求，阿們。

　　寫下你想與人分享的感想：

第五天: 信心

父啊！求祢開我的眼睛，好使我更清晰看到祢，更透切地細味體會祢，並更釋放地傳揚分享祢！

請將你看為重要的字或句圈起或間線:

因此，我們常為你們禱告，願我們的神看你們配得過所蒙的召，又用大能成就你們一切所羨慕的良善和一切因信心所做的工夫，叫我們主耶穌的名在你們身上得榮耀，你們也在他身上得榮耀，都照著我們的神並主耶穌基督的恩。 (帖撒羅尼迦後書 1: 11- 12)

請在以下一段為你和你的學生的禱告中，體會個中真理:

天父，當我今天為_____祈禱，我認同使徒保羅的禱告。願他們配得所蒙的召，過一個與蒙召恩相稱的生活。讓他們知道他們要常在祢裡面，而祢也常在他們裡面，他們就多結果子；使他們知道他們要單單依靠祢才得勝，因為他們離了祢，他們就不能作甚麼。請給他們信心，讓他們知道今天祢在他們內心工作。因著祢的偉大恩典和恩慈，我祈求祢打動他們的心，陶造他們，使他們好結果子。讓他們榮耀祢的名，讓這世界知道他們是祢親愛和寶貴的兒女。願神得著榮耀，他們得著造就，奉耶穌名求，阿們.

寫下你想與人分享的感想:

第六天：信心

父啊！求祢開我的眼睛，好使我更清晰看到祢，更透切地細味體會祢，並更釋放地傳揚分享祢！

　　請將你看為重要的字或句圈起或間線：

你要為真道打那美好的仗，持定永生；你為此被召，也在許多見證人面前已經作了那美好的見證。(提摩太前書 6: 12)
那美好的仗我已經打過了，當跑的路我已經跑盡了，所信的道我已經守住了。 從此以後，有公義的冠冕為我存留，就是按著公義審判的主到了那日要賜給我的；不但賜給我，也賜給凡愛慕他顯現的人。(提摩太後書 4: 7-8)

請在以下一段為你和你的學生的禱告中，體會個中真理：

天父，做祢的追隨者是一個信仰的爭戰；要相信祢完備的應許勝過這世界上欺騙人的承諾， 勝過肉體和魔鬼的誘惑。我祈禱＿＿＿＿＿＿將他的心降服於祢，尋求聖靈的能力相信祢所有的應許。提醒他們要得勝有餘乃因他們常在主裏。讓他們立志相信聖經話語中的真理。使他們的心因祢而歡喜快樂，因為你是他們的救主，救贖主，是他們的君王。為他們在天上預備了地方。願祢和永生的應許激勵他們為真理打那美好的勝仗。願神得著榮耀，他們得著造就，奉耶穌名求，阿們。

　　寫下你想與人分享的感想：

第七天：信心

父啊！求祢開我的眼睛，好使我更清晰看到祢，更透切地細味體會祢，並更釋放地傳揚分享祢！

請將你看為重要的字或句圈起或間線：

願你與人所同有的信心顯出功效，使人知道你們

各樣善事都是為基督做的。(腓利門書 1: 6)

請在以下一段為你和你學生的禱告中，體會個中的真理：

天父，祢的榮耀，慈愛和信實值得在每一個場合被宣告的。我今天祈求＿＿＿＿＿能夠在祢的應許和祢的真理道上警醒，也讓他們在個人生活中留心祢的慈愛和信實。使祢的信實在他們的心思意念中佔首位。讓他們能自由地向週圍的人分享祢的偉大美善，願他們與人分享祢的信實時，滿心知道他們各樣善事都是為基督而作，求祢的恩惠幫助他們在世上為祢作見證，讓那些聽見的人知道，祢在他們身上所作的各樣美事，就心被感動，謙卑下來。願神得著榮耀，他們得著造就，奉耶穌名求，阿們。

寫下你想與人分享的感想：

第九週

純潔

　　如果我們對神所彰顯的榮美沒有強烈的渴慕，那並不是因為我們已酒酣酩酊，而感到滿足，乃是因為我們在世界的餐桌上已虛耗了好一段時間來爛嚼，以致我們的靈魂滿了虛浮不定的煩瑣，也就再沒有空間容納真正的偉大豐盛了。

-- 約翰比伯 (John Piper) --

第一天: 純潔

父啊!求祢開我的眼睛,好使我更清晰看到祢,更透切地細味體會祢,並更釋放地傳揚分享祢!

請將你看為重要的字或句圈起或間線:

你們所遇見的試探,無非是人所能受的。神是信實的,必不叫你們受試探過於所能受的,在受試探的時候,總要給你們開一條出路,叫你們能忍受得住。(哥林多前書 1:6)

請在以下一段為你和你學生的禱告中,體會個中的真理:

父啊,感謝祢溫馨提示,叫我們知道,我們遇見試探是一般人也會遇上的。我們靈魂的仇敵最想我們相信,在各樣過犯和引誘當中,我們是孤獨無援,但祢已親自作出保證,我們絕對不是孤身一人面對的。我祈求_____明白,試探乃人的常情,又叫他們知道,祢會幫助他們戰勝試探。求加添他們信心,相信祢曾應許過,不讓他們遇見試探過於他們所能忍受的。又願他們常常謹記祢的應許,凡要得著最終的勝利,務要忍耐到底。為此,就懇求祢堅立他們的信心,曉得完全倚靠聖靈的能力。願神得著榮耀,他們得著造就,奉耶穌名求,阿們。

寫下你想與人分享的感想:

第二天：純潔

父啊！求祢開我的眼睛，好使我更清晰看到祢，更透切地細味體會祢，並更釋放地傳揚分享祢！

請將你看為重要的字或句圈起或間線：

神的旨意就是要你們成為聖潔，遠避淫行；要你們各人曉得怎樣用聖潔、尊貴守著自己的身體，不放縱私慾的邪情，像那不認識神的外邦人⋯神召我們，本不是要我們沾染污穢，乃是要我們成為聖潔。所以，那棄絕的，不是棄絕人，乃是棄絕那賜聖靈給你們的神。（帖撒羅尼迦前書 4：3-5，7-8）

請在以下一段為你和你學生的禱告中，體會個中的真理：

天父，感謝祢讓我們知道祢對我們生命的旨意。祢的旨意就是讓我們成為聖潔，特別是在性關係上聖潔。我祈求祢給＿＿＿＿＿＿力量遠避淫行。在人際關係裡保護他們，保守他們的眼目不避開那些渲染邪情惡慾的宣傳製作。救拔他們脫離糟蹋他們的色慾陷阱，叫他們明辨是非嚮往聖潔，叫他們謹慎，曉得怎樣用聖潔、尊重，守著自己的身體。天父，因為祢是神聖，所以祢召我們乃是要我們成為聖潔。幫助我們掌握這個真理，如果我們拒絕祢的召命，沒有過聖潔的生活，我們就是棄絕祢。願神得著榮耀，他們得著造就，奉耶穌名求，阿們。

寫下你想與人分享的感想：

第三天：純潔

父啊！求祢開我的眼睛，好使我更清晰看到祢，更透切地細味體會祢，並更釋放地傳揚分享祢！

請將你看為重要的字或句圈起或間線：

不要愛世界和世界上的事。人若愛世界，愛父的心就不在他裏面了。因為凡世界上的事，就像肉體的情欲，眼目的情欲，並今生的驕傲，都不是從父來的，乃是從世界來的。這世界和其上的情欲都要過去，惟獨遵行神旨意的，是永遠長存。
(約翰一書2：15-17)

請在以下一段為你和你學生的禱告中，體會個中的真理：

親愛的天父，祢清清楚楚教導我們該做的和不該做的事，可是，我們的慾望常常讓我們偏離祢的道。我為_____禱告，求祢賜給他們渴慕你的心，讓他們在祢裏面有無比的歡欣。請阻止世上的愛慾潛入他們的心，讓他們在面對肉體情慾的誘惑時，意識到事情的嚴重性。開他們心靈的眼睛，讓他們明白貪愛世界和世界上的事是徒勞無益的。激勵他們，讓他們對祢的愛在長度闊度，高度深度上長進。願神得著榮耀，他們得著造就，奉耶穌名求，阿們。

寫下你想與人分享的感想：

98

第四天：純潔

父啊！求祢開我的眼睛，好使我更清晰看到祢，更透切地細味體會祢，並更釋放地傳揚分享祢！

請將你看為重要的字或句圈起或間線：

那能保守你們不失腳，叫你們無瑕無疵，歡歡喜喜站在他榮耀之前的，我們的救主獨一的神。 願榮耀，威嚴，能力，權柄，因我們的主耶穌基督，歸與他，從萬古以前，並現今，直到永永遠遠。阿們。（猶大書 1:24-25）

請在以下一段為你和你學生的禱告中，體會個中的真理：

天父，今天我把 ＿＿＿＿＿ 交托在祢手中。唯有祢能保守他們不失腳，並因祢的同在叫他們無瑕無疵。不要讓他們因罪惡和試探而偏離祢。求祢把他們的心思意念奪回，曉得在祢奇妙的那日子，可以歡歡喜喜站在祢的榮耀中。使他們能堅固穩定地轉向祢和祢的旨意。叫他們渴慕祢和祢的同在。願祢的名得被稱頌直到永遠，奉耶穌名求，阿們。

寫下你想與人分享的感想：

第五天：純潔

父啊！求祢開我的眼睛，好使我更清晰看到祢，更透切地細味體會祢，並更釋放地傳揚分享祢！

請將你看為重要的字或句圈起或間線：

神啊，求你為我造純潔的心，使我裡面重新有正直的靈。不要丟棄我，使我離開你的面，不要從我收回你的聖靈。求你使我仍得救恩之樂，賜我樂意的靈扶持我。 (詩篇 51: 10- 12)

請在以下一段為你和你學生的禱告中，體會個中的真理：

天父，唯獨祢可以為我們造純潔的心，使我們裏面重新有正直的靈。讓 ＿＿＿＿＿ 他們知道要先來到祢面前，方能得著滿足。這樣祢就可以潔淨他們的心靈，讓他們內心重新有正直的靈。幫助他們有良心，知道自己頂撞祢而心感沉痛，請不要讓他們對生活中的罪麻木，不知悔改而安於現狀，讓他們渴望尋求祢的面，並不偏離祢。祈求幫助他們曉得聖靈的帶領而知罪，願他們追求救恩的喜樂，多於追求世上其他一切的人或事。讓他們在聖靈所運行的大能中喜樂。願神得著榮耀，他們得著造就，奉耶穌名求，阿們。

寫下你想與人分享的感想：

第六天:純潔

父啊!求祢開我的眼睛,好使我更清晰看到祢,更透切地細味體會祢,並更釋放地傳揚分享祢!

請將你看為重要的字或句圈起或間線:

願賜平安的神親自使你們全然成聖!又願你們的靈與魂與身子得蒙保守,在我們主耶穌基督降臨的時候完全無可指摘! 那召你們的本是信實的,他必成就這事。請弟兄們為我們禱告。(帖撒羅尼迦前書 5:23-25)

請在以下一段為你和你學生的禱告中,體會個中的真理:

天父,我要讚美祢,祢是賜平安的神。我向祢呼求使_____全然成聖。請祢潔淨他們,保守他們的身,心, 靈在祢面前無可指責。我聽見祢的名聲,祢對兒女的全然信實,令我們心生敬畏。謝謝祢在他們每一個人身上所作得救的功夫。不要讓他們離開祢的真理,四處流離,幫助他們每天降伏於祢。願祢使他們有能力在成聖的道上不失腳, 挪去瀝累他們的罪和包袱。好使他們前行滿有祢的平安。願神得著榮耀,他們得著造就,奉耶穌名求,阿們。

寫下你想與人分享的感想:

第七天：純潔

父啊！求祢開我的眼睛，好使我更清晰看到祢，更透切地細味體會祢，並更釋放地傳揚分享祢！

請將你看為重要的字或句圈起或間線：

人所行的在自己眼中都看為正，唯有耶和華衡量人心。(箴言 21: 2)

人一切所行的在自己眼中看為純潔，唯有耶和華衡量人心。(箴言 16: 2)

人心比萬物都詭詐，壞到極處，誰能識透呢？「我耶和華是鑒察人心、試驗人肺腑的，…」(耶利米書 17: 9-10)

請在以下一段為你和你學生的禱告中，體會個中的真理：

天父，自從我們在伊甸園裡犯了罪離棄祢後，我們還以為我們所選擇的路是最好的。然而祢的道路才是最好的。請原諒我們自欺，誤以為自己的路是正確的。今天我為 _____ 祈禱，祈求他們認清自己內心的真面目。就讓他們謙虛地與祢同行，因為祢識透他們的心腸肺腑，知道他的思想意向。更新他們的心歸向祢，遵行祢的旨意，使他們向祢和人們的態度溫柔受教。讓他們順服祢的靈和祢的道，求祢指教他們，引導他們走當行的路。願祢得著榮耀，他們得著造就，奉耶穌名求，阿們。

寫下你想與人分享的感想：

第十週

言 語

　　這本手冊其中一個安排是幫助你為下一代代禱時，能引用經文成為禱文禱告，有若呼吸般自然。但有別於呼吸的是，你得事先做少許練習，才能把認定的鑰節轉化為禱文。在這本手冊的最後一章，特別為你提供機會去設計自己的禱文。有鑑於此，我鼓勵你由現在開始，每逢禱告時遇上某些富勉勵性的或觸動你心靈的字句，就把它們筆錄下來。此外，還得要刻意找出切題的經文去配合你禱告的重點。總得記住，每當你為你的學生預備禱文時，先向神祈求恩惠的幫助，好使他們蒙福。

第一天：言語

父啊！求祢開我的眼睛，好使我更清晰看到祢，更透切地細味體會祢，並更釋放地傳揚分享祢！

請將你看為重要的字或句圈起或間線：

污穢的言語、一句不可出口、只要隨事說造就人的好話、叫聽見的人得益處。 (以弗所書 四：29)

淫詞、妄語、和戲笑的話、都不相宜、總要說感謝的話。 (以弗所書 五：4)

請在以下一段為你和你的學生的禱告中體會個中真理：

父啊，祈求＿＿＿＿＿＿能說出造就人的恩言，說話有條不紊。凡他們所說的，願能造就他人，叫聽見的人得益處。求保守他們，遠離污穢的妄語。又求勒住他們的舌頭，不說淫詞和戲笑的話。幫助他們能用恩慈和鼓勵的言語與人交談，願他們曉得因著祢為他們所做的一切而感恩。願感謝的話由他們口中滔滔不絕，隨隨流出，叫祢得著頌讚，他人被振奮。願祢得著榮耀，他們得著造就，奉耶穌名求，阿們。

寫下你想與人分享的感想：

第二天：言語

父啊！求祢開我的眼睛，好使我更清晰看到祢，更透切地細味體會祢，並更釋放地傳揚分享祢！

請將你看為重要的字或句圈起或間線：

…應當一無掛慮，只要凡事藉著禱告、祈求，和感謝，將你們所要的告訴神。神所賜、出人意外的平安必在基督耶穌裏保守你們的心懷意念。（腓立比書4:6-7）

請在以下一段為你和你學生的禱告中，體會個中的真理：

天父，感謝祢，無論何景況祢是我們的盼望。我們不需要害怕或是焦慮，但當我們懼怕或掛慮，我們可以到祢面前來禱告。感謝祢的恩惠。我今天為　　　　　　　禱告，讓他們在任何景況下都熱切到祢面前來。幫助他們知道祢悅納他們馨香的祭，就是他們所獻上的禱文。我祈求祢出人意外的平安，充滿他們在基督裏的心懷意念。祢大有能力的平安，保守他們的心思意念，免去害怕和焦慮。讓他們不住禱告，或說話或行事都以禱告為念。願祢得著榮耀，他們得著造就，奉耶穌名求，阿們。

寫下你想與人分享的感想：

第三天: 言語

父啊！求祢開我的眼睛，好使我更清晰看到祢，更透切地細味體會祢，並更釋放地傳揚分享祢！

請將你看為重要的字或句圈起或間線：

你們要恒切禱告，在此警醒感恩；也要為我們禱告，求神給我們開傳道的門，能以講基督的奧秘，叫我按著所該說的話將這奧秘發明出來. (歌羅西書 4: 2- 4)

請在以下一段為你和你學生的禱告中，體會個中的真理：

親愛的天父，感謝祢給我們機會在世上傳揚祢的偉大。我為＿＿＿＿＿＿禱告，願他們發揮他們的能力來分享基督的榮美。讓他們深切理解和掌握祢真理的道。求祢為他們開傳道的門，讓他們自由地，隨時隨地傳揚真理，幫助他們，讓他們學習祢聖經的話語越多，對祢的愛就越深。讓他們明了祢對這個世界的愛和旨意，並賜給他們有能力向人辨明基督的奧秘，說該說的話。無論得時不得時，釋放他們分享祢的道。願他們恒切禱告，感謝祢賜予機會說明你話語的真理。願祢得著榮耀，他們得著造就，奉耶穌名求，阿們。

寫下你想與人分享的感想：

第四天: 言語

父啊！求祢開我的眼睛，好使我更清晰看到祢，更透切地細味體會祢，並更釋放地傳揚分享祢！

請將你看為重要的字或句圈起或間線:

你們的言語要常常帶著和氣，好像用鹽調和，就可知道該怎樣回答各人。（歌羅西書4:6）

請在以下一段為你和你的學生的禱告中，體會個中真理:

天父，今天我求祢用祢的智慧，愛心，信心和純潔澆灌 _____ 。幫助他們認識到只有靠祢的恩典，他們的說話才能討祢的喜悅。在他們裏面塑造言語，是帶著和氣又像用鹽調和的言語。讓他們成為一塊吸引美麗交談的磁體。願人因他們所說的話對祢和祢的真道產生饑渴慕義的追求。給他們深度，長存的智慧以致他們與人的交談能榮耀你。願祢得著榮耀，他們得著造就，奉耶穌名求，阿們。

寫下你想與人分享的感想:

第五天: 言語

父啊！求祢開我的眼睛，好使我更清晰看到祢，更透切地細味體會祢，並更釋放地傳揚分享祢！

請將你看為重要的字或句圈起或間線:

唯有那愚拙無學問的辯論，總要棄絕，因為知道這等事是起爭競的。然而主的僕人不可爭競，只要溫溫和和地待眾人，善於教導，存心忍耐，用溫柔勸誡那抵擋的人，或者神給他們悔改的心，可以明白真道，⋯ (提摩太後書 2: 23- 25)

請在以下 段為你和你的學生的禱告中，體會個中真理:

天父，保守_____今天不要作愚蠢的言論。在與人交談中，給他們智慧去辨認無意思的爭論。幫助他們棄絕那些無謂爭競的言語。賜他們力量能友善對人，而不是爭吵。當他們需要作出勸戒，糾正別人時，讓他們充滿祢的溫柔和愛心。讓他們忍耐，用循循善誘的言語，使人明白真道用。當你的兒女諸般的恩惠傳講祢的時候，願一切榮耀歸於祢的名，奉耶穌名求，阿們。

寫下你想與人分享的感想:

第六天：言語

父啊！求祢開我的眼睛，好使我更清晰看到祢，更透切地細味體會祢，並更釋放地傳揚分享祢！

請將你看為重要的字或句圈起或間線：

要常常喜樂，不住地禱告，凡事謝恩，因為這是神在基督耶穌裡向你們所定的旨意。(帖撒羅尼迦前書 5：16-18)
我們為你們眾人常常感謝神，禱告的時候提到你們...（帖撒羅尼迦前書 1：2）

請在以下一段為你和你的學生的禱告中，體會個中真理：

天父，感謝祢清楚在耶穌基督裏表明對我們的旨意。我禱告_____會有一個以喜樂，祈禱和感恩為標誌的生活方式。讓他們在祢的恩惠中，每一天都找到快樂，幫助他們透過讚美祢的禱告來表達喜樂。每一天讓他們渴望能看到祢的偉大豐盛，並幫助他們於不住禱告中表明對祢的渴求，讓他們的禱告滿溢著凡事謝恩的言語。開他們的眼，使他們能看見祢在眾人身上，並透過眾人所作美好的善工。使他們的心對祢充滿感恩。願祢得著榮耀，他們得著造就，奉耶穌名求，阿們。

寫下你想與人分享的感想：

第七天: 言語

父啊！求祢開我的眼睛，好使我更清晰看到祢，更透切地細味體會祢，並更釋放地傳揚分享祢！

請將你看為重要的字或句圈起或間線:

若有人自以為虔誠，卻不勒住他的舌頭，反欺哄
自己的心，這人的虔誠是虛的。(雅各書 1: 26)

請在以下一段為你和你的學生的禱告中，體會個中真理:

天父，謝謝祢提醒我們，讓我們知道我們的說話語氣是要緊的！我們有沒有能力勒緊舌頭，說該說的話，正正反映了我們與祢的真實關係。魯莽的言語揭示了我們需要恩主的幫助。今天我為 _____ 祈禱，祈求賜他們力量，小心他們的言語談話。幫助他們看到他們的言語如何揭示他們內心的光景。當他們談吐失當，請令他們認罪悔改。我祈求他們會轉向祢和祢聖靈的大能，在恩典中更新他們的心思和言語。願祢得著榮耀，他們得著造就，奉耶穌名求，阿們。

寫下你想與人分享的感想:

第十一週

行為

　　祈禱是懇求神道成肉身，取以人的樣式，住在我們中間，是聖潔的住在污穢中，以義的代替不義的。是的，永生神紆尊降貴。我們已然知道祂為門徒洗腳的好榜樣，就讓我們抓緊神的話，向祂祈求，告訴祂你所想所求的。是的，效法基督，自甘卑微吧。寫下你的祈求，總不要讓生命漫無目的地被美國式生活的繁忙所麻木了。倘若你意圖去捉緊一天，為自己攫取浮生半日，只恐怕最終你反被這一天撕碎了。你腳要抓緊耶穌的衣裳穗子，得不著祂的祝福就不放手。這樣祂必重生模造你的日子。

-- 保羅米勒 (Paul E. Miller) --

　　所以你們要自卑、服在　神大能的手下、到了時候他必叫你們升高。你們要將一切的憂慮卸給　神、因為他顧念你們。 *(彼得前書 5: 6-7)*

第一天: 行為

父啊！求祢開我的眼睛，好使我更清晰看到祢，更透切地細味體會祢，並更釋放地傳揚分享祢！

請將你看為重要的字或句圈起或間線:

我是葡萄樹、你們是枝子。常在我裡面的、我也常在他裡面、這人就多結果子。因為離了我、你們就不能作甚麼。 (約翰福音 15: 5)

請在以下一段為你和你的學生的禱告中，體會個中真理:

父啊，感謝祢清楚說出，我們在所有事情上都需要祢。倘若我們願意自己的靈命得著興旺的指望，就必須倚靠祢，在耶穌裡面活著。離了祢，我們都不能作甚麼。因為有祢，我們每天都得著力量，得著鞏固。求祢今日就叫＿＿＿＿＿＿＿＿住在祢裡面。藉著祢聖靈的能力，使他們結出永恆的果子。求賜他們有熱切期待常在祢裡面活著，並引領他人來到祢跟前，在祢裡面尋得最大的滿足。願祢得著榮耀，他們得著造就，奉耶穌名求，阿們。

寫下你想與人分享的感想:

第二天: 行為

父啊！求祢開我的眼睛，好使我更清晰看到祢，更透切地細味體會祢，並更釋放地傳揚分享祢！

請將你看為重要的字或句圈起或間線:

我們既因信稱義，就藉著我們的主耶穌基督得與神相和。我們又藉著他，因信得進入現在所站的這恩典中，並且歡歡喜喜盼望神的榮耀。不但如此，就是在患難中也是歡歡喜喜的。因為知道患難生忍耐，忍耐生老練，老練生盼望，盼望不至於羞恥，因為所賜給我們的聖靈將神的愛澆灌在我們心裡。(羅馬書 5: 1- 5)

請在以下一段為你和你的學生的禱告中，體會個中真理:

天父啊，我祈求＿＿＿＿＿＿＿＿能了解他們所面對的每個挑戰和考驗都有祢的美意；願神的道路遠過我們眼見的道路，提醒他們是因為信，他們才得以進入現在所站的這恩典中。他們不可以取代祢的榮耀。幫助他們看見祢磨練他們時，才會生出老練和盼望。讓他們看見，細味體會聖靈在他們心裏所澆灌的大愛。願他們從患難中所生的忍耐，能滿口向祢發出感恩，讚美。願他們在祢裏面的盼望，驅使他們向著信心的生活前進。願祢得著榮耀，他們得著造就，奉耶穌名求，阿們。

寫下你想與人分享的感想:

第三天: 行為

父啊！求祢開我的眼睛，好使我更清晰看到祢，更透切地細味體會祢，並更釋放地傳揚分享祢！

請將你看為重要的字或句圈起或間線:

主人說:"好，你這又良善又忠心的仆人，你在不多的事上有忠心，我要把許多事派你管理，可以進來享受你主人的快樂。"（馬太福音 25: 21)
我們原是他的工作，在基督耶穌裏造成的，為要叫我們行善，就是神所預備叫我們行的。（以弗所書 2: 10)

請在以下一段為你和你的學生的禱告中，體會個中真理:

父啊，賜給我們與生俱來的能力和獨特個性，好叫我們成全祢的旨意。我們求_____能熱切完成祢在他們人生中的指望。讓他們持守祢的旨意，做個良善的僕人，忠心到底。願祢至高天上的旨意成為他們人生的首要本份，願他們忠心，盡心盡性盡意盡力愛祢，並且愛人如己。在他們邁步忠心侍主之里程之際，求祢幫助他們有一個好的開始，更重要是讓他們奮力完成他們所作的工。願他們聽到祢的讚賞："好，你這又良善又忠心的僕人"，"可以進來享受祢主人的快樂"。願祢得著榮耀，他們得著造就，奉耶穌名求，阿們。

寫下你想與人分享的感想:

第四天：行為

父啊！求祢開我的眼睛，好使我更清晰看到祢，更透切地細味體會祢，並更釋放地傳揚分享祢！

請將你看為重要的字或句圈起或間線：

你們是世上的光。城造在山上，是不能隱藏的。人點燈，不放在斗底下，是放在燈臺上，就照亮一家的人。你們的光也當這樣照在人前，叫他們看見你們的好行為，便將榮耀歸給你們在天上的父。（馬太福音 5:14-16）

請在以下一段為你和你學生的禱告中，體會個中的真理：

父啊，祢呼召了我們，讓我們照亮這個世界，因此世人曉得祢是偉大的神。我祈求＿＿＿＿＿＿能領悟這生命的呼召，見證祢的榮耀，為祢發光。讓他們的光芒不為表面的羞愧懼怕所隱藏。使他剛強壯膽，以致能行出愛心，恩慈，憐憫，公義的各樣善事，好叫世人為祢的豐盛偉大所吸引。讓他們洞悉到原來他們的好行為，會幫助他人樂意參與服侍人，榮耀神的行列。願對祢的頌讚存到永遠。奉耶穌名求，阿們。

寫下你想與人分享的感想：

第五天: 行為

父啊！求祢開我的眼睛，好使我更清晰看到祢，更透切地細味體會祢，並更釋放地傳揚分享祢！

請將你看為重要的字或句圈起或間線：

要彼此同心；不要志氣高大，倒要俯就卑微的人；不要自以為聰明。不要以惡報惡。眾人以為美的事，要留心去做。若是能行，總要盡力與眾人和睦。 (羅馬書 12:16-18)

請在以下一段為你和你學生的禱告中，體會個中的真理：

父啊，祢對我們生命的呼召是切身和適切的。感謝祢仩這段經文的訓誡，教我們怎樣與人相處，過一個豐盛的人生。我祈求＿＿＿＿＿＿在追求與人和諧共處時，能找到喜樂。不要讓他們看自己過於他們所當看的，倒是要俯就卑微的人。幫助他們抵擋驕傲的靈，激發他們與一些沒比他們那麼幸運的人們接觸，讓他們知道所擁有的一切都是祢恩手供應。當他們屈曲受苦，永不要讓他們存報復心。讓聖靈的大能引導他們去作眾人都以為美的事。我們要思想耶穌如何為我們忍受罪人的頂撞和羞辱。求使他們有一個熱切的渴望，追求與眾人和平共處。願祢得著榮耀，他們得著造就，奉耶穌的名，阿們。

寫下你想與人分享的感想：

第六天：行為

父啊！求祢開我的眼睛，好使我更清晰看到祢，更透切地細味體會祢，並更釋放地傳揚分享祢！

請將你看為重要的字或句圈起或間線：

所以，你們或吃或喝，無論做什麼，都要為榮耀
神而行。(哥林多前書 10: 31)
無論做什麼，或說話或行事，都要奉主耶穌的名
，藉著他感謝父神。(歌羅西書 3: 17)

請在以下一段為你和你學生的禱告中, 體會個中的真理：

天父，謝謝祢，我們的生命屬於祢。為祢榮耀的緣故，祢用大能創造了我們。我們只有為祢的榮耀而活時我們的生命才得滿足。我祈禱祢今天向_____顯示祢自己，使他們知道祢同在的甘甜和能力。求賜他們力量，熱情與想望，使他們或吃，或喝，或說話，或行事，都為榮耀祢而行。幫助他凡事感恩，讓他們享受生命中的每一刻，因知道生命是祢恩惠的賜予。讓他們說話行事處處從心底湧流出感謝。提醒他們祢是厚賜百物的神，今天無論他們做任何事，願祢的名被高舉。願祢得著榮耀，他們得著造就。奉耶穌的名，阿們。

寫下你想與人分享的感想：

第七天：行為

父啊！求祢開我的眼睛，好使我更清晰看到祢，更透切地細味體會祢，並更釋放地傳揚分享祢！

請將你看為重要的字或句圈起或間線：

總要趁著還有今日，天天彼此相勸，免得你們中間有人被罪迷惑，心裡就剛硬了。(希伯來書 3: 13)

請在以下一段為你和你學生的禱告中, 體會個中的真理:

天父，謝謝祢沒有讓我們孤身去走人生路。感謝祢對我們的關注，讓聖經的教導使我們歸正。祢使我們歸正顯明了祢對我們偉大的愛。我祈求祢在 ＿＿＿＿＿＿＿ 的生活中興起一些可靠，對他們負責任的朋友們。幫助他們認識到在愛裏的責備和修正是祢的恩典，保守他們遠離罪惡，提醒他們欺騙的本質是叫人盲目，求開他們的眼睛看到罪使人矇蔽。保守他們不要反叛那些在他們生命中用真理挑戰他們的人，保護他們不會對真理硬著心腸。願祢得著榮耀，他們得著造就。奉耶穌的名，阿們。

寫下你想與人分享的感想:

第十二週

以箴言禱告

使用經文作為祈禱的禱文，是一個令你振奮操練，叫你的心思，意念為神而敞開。當你為年輕朋友代禱時，你會發覺到，你需要圍繞著生命七個素質的實踐而祈禱。故此，我就在這裡鼓勵你以箴言作為祈禱的禱文。其實，神已在箴言書內，把生命各方面的實況，簡潔又清晰地列明出來，扼要地將真理呈獻。新穎震顫動人，寫實等題裁，乃是踏足塵寰中最有智慧的人，以明敏清晰的筆觸寫的 --- 固然是所羅門為代表而非耶穌。這卷書總共有三十一章書，隨個人喜好，你可每日以一章書為祈禱的禱文。抑或你喜歡鬆容一點，在一週內只以一章書來祈禱。以本星期為例，我將以箴言第三章作為示範，說明如何在一週內以一章書作為該星期的禱告內容。其實，當你以整卷箴言三十一章作祈禱時，你已然為生命七素質的各個要素祈禱了。願讚美歸與上帝！

第一天: 以箴言禱告

父啊! 求祢開我的眼睛, 好使我更清晰看到祢, 更透切地細味體會祢, 並更釋放地傳揚分享祢!

請將你看為重要的字或句圈起或間線:

我兒、不要忘記我的法則。你心要謹守我的誡命。因為他必將長久的日子、生命的年數、與平安、加給你。不可使慈愛誠實離開你。要繫在你頸項上、刻在你心版上。這樣、你必在 神和世人眼前蒙恩寵、有聰明。(箴言 3: 1-4)

請在以下一段為你和你學生的禱告中, 體會個中的真理:

父啊, 今天我為_____祈禱, 求祢賜他們有好的記性, 清楚地記住祢道中的真理, 日久常新。求叫他們謹守祢的誡命, 成為他們每日的引導, 以致他們得著長久, 滿有平安的生命。幫助他們以祢的慈愛誠實, 作為他們心思中居首。願他們寫下祢的慈愛和誠實, 成為他們人生的左右銘。讓他們曉得, 他們如此行就必能在神和世人眼前蒙恩寵, 有聰明。願祢得著榮耀, 他們得著造就, 奉耶穌名求, 阿們。

寫下你想與人分享的感想:

第二天：以箴言禱告

父啊！求祢開我的眼睛，好使我更清晰看到祢，更透切地細味體會祢，並更釋放地傳揚分享祢！

請將你看為重要的字或句圈起或間線：

你要專心仰賴耶和華，不可倚靠自己的聰明，在你一切所行的事上都要認定他，他必指引你的路。不要自以為有智慧；要敬畏耶和華，遠離惡事。這便醫治你的肚臍，滋潤你的百骨。（箴言3：5-8）

請在以下一段為你和你學生的禱告中，體會個中的真理：

天父，感謝祢的應許。求你讓＿＿＿＿＿＿＿今日對祢和祢的應許有完完全全、堅定不移的仰賴。不要讓他們倚靠自己有限并偏頗的聰明。賜給他們能力，讓他們看到和認定祢每天在他們生命中所做的工；相信祢必指引他們的路。保守他們，免得讓他們自以為有智慧。叫他們敬畏祢，遠離一絲一毫的惡事。不要讓他們以為可以在最微不足道的惡事上貪歡竊喜。在他們裏面建立對祢的聖潔公義的渴慕，好來讚美祢和祢恩典的美善。願祢來醫治和滋潤他們的肚臍百骨，讓世人看到祢的豐盛大能。願祢得著榮耀，他們得著造就，奉耶穌名求，阿們。

寫下你想與人分享的感想：

第三天：以箴言禱告

父啊！求祢開我的眼睛，好使我更清晰看到祢，更透切地細味體會祢，並更釋放地傳揚分享祢！

請將你看為重要的字或句圈起或間線：

你要以財物和一切初熟的土產尊榮耶和華。這樣，你的倉庫必充滿有餘，你的酒醡有新酒盈溢。我兒，你不可輕看耶和華的管教，也不可厭煩他的責備。因為耶和華所愛的，他必責備，正如父親責備所喜愛的兒子。(箴 3: 9-12)

請在以下一段為你和你學生的禱告中，體會個中的真理：

親愛的天父，我們讚美祢。祢是供應萬物的神。 我為_____禱告，讓他們今天就為祢敞開心懷。請給他們滿心的歡樂，用祢所賜的財物來尊榮祢。幫助他們明白他們的指望在於祢，而不在於銀行裏有多少存款。祢的應許是真實的。祢聖經的話語已講明了，只要他們信靠祢，祢就會照看他們。再次提醒他們，祢對他們的每一次管教，都顯明祢對他們無比的愛。願祢得著榮耀，他們得著造就，奉耶穌名求，阿們。

寫下你想與人分享的感想：

第四天：以箴言禱告

父啊！求祢開我的眼睛，好使我更清晰看到祢，更透切地細味體會祢，並更釋放地傳揚分享祢！

請將你看為重要的字或句圈起或間線：

得智慧，得聰明的，這人便為有福。因為得智慧勝過得銀子，其利益強如精金。 比珍珠（或作紅寶石）寶貴。你一切所喜愛的，都不足與比較。他右手有長壽。左手有富貴。他的道是安樂，他的路全是平安。他與持守他的作生命樹。持定他的俱各有福。 （箴言 3: 13-18）

請在以下一段為你和你學生的禱告中，體會個中的真理：

天父，今天我為 _____ 向祢禱告。願他們知道得智慧，得聰明的人是有福的。讓他們熱切尋求聰明智慧。讓他們體會到生命的寶貴，乃在於一個標誌著從祢而來的智慧又通達的人生。願長籌、富足、尊榮於他們有份，讓他們在祢智慧的道上追隨祢的平安，安樂時，得著大喜樂。使他們的人生之路通向生命樹，特別是通向基督的十字架而得生。讓他們的心追求祢的智慧勝過其他一切。願祢得著榮耀，他們得著造就，奉耶穌名求，阿們。

寫下你想與人分享的感想：

第五天：以箴言禱告

父啊！求祢開我的眼睛，好使我更清晰看到祢，更透切地細味體會祢，並更釋放地傳揚分享祢！

請將你看為重要的字或句圈起或間線：

耶和華以智慧立地，以聰明定天，以知識使深淵裂開，使天空滴下甘露。我兒，要謹守真智慧和謀略，不可使他離開你的眼目。這樣，他必做你的生命，頸項的美飾。你就坦然行路，不致碰腳。你躺下，必不懼怕；你躺臥，睡得香甜。(箴言3:19-24)

請在以下一段為你和你學生的禱告中，體會個中的真理：

天父，祢以智慧立地，以聰明定天，我們為此讚美祢的名。我祈求 _____ 能從天上的每顆星星和地上的每片綠草中，看到祢在創造中厚賜萬物，願他們細味感悟祢豐滿偉大的智慧。每當小雨點灑在他們的臉上，就讓祢的至高天上的權能潤澤和鼓勵他們的心，並使他們在日常生活中，智慧和聰明不離開他們的眼目，讓他們謹守真智慧和謀略而歡愉。願他們嘗到心靈中智慧和謀略所結的善果。讓他們坦然安穩平靜，每天睡得香甜。願祢得著榮耀，他們得著造就，奉耶穌名求，阿們。

寫下你想與人分享的感想：

第六天: 以箴言禱告

父啊! 求祢開我的眼睛, 好使我更清晰看到祢, 更透切地細味體會祢, 並更釋放地傳揚分享祢!

請將你看為重要的字或句圈起或間線:

忽然來的驚恐, 不要害怕; 惡人遭毀滅, 也不要恐懼。因為耶和華是你所倚靠的, 他必保守你的腳不陷入網羅。你手若有行善的力量, 不可推辭, 就當向那應得的人施行。你那裡若有現成的, 不可對鄰舍說:「去吧, 明天再來, 我必給你。」 (箴言 3: 25-28)

請在以下一段為你和你學生的禱告中, 體會個中的真理:

天父, 今天我為＿＿＿＿＿＿禱告, 祈求他們不會因為世界上發生的壞事而驚恐。給他們在祢裏面有勇敢的信心, 因為祢是他們偉大的救贖主及生命的主。願他們在祢裏面有平安的信心, 因著他們的信, 也使他人以祢為盼望。讓他們輕看物質的東西而堅定的抓緊祢。讓他們慷慨的使用他們的生命資源, 願他們有能力的時候祝福, 施恩惠給別人。現在就讓他們熱切投入幫助別人, 願他們手中有行善的力量時, 並不推辭, 向那些應得的人施恩。願祢得著榮耀, 他們得著造就, 奉耶穌名求, 阿們。

寫下你想與人分享的感想:

第七天：以箴言禱告

父啊！求祢開我的眼睛，好使我更清晰看到祢，更透切地細味體會祢，並更釋放地傳揚分享祢！

請將你看為重要的字或句圈起或間線:

你的鄰舍既在你附近安居，你不可設計害他。人未曾加害於你，不可無故與他相爭。　不可嫉妒強暴的人，也不可選擇他所行的路。因為乖僻人為耶和華所憎惡，正直人為他所親密。耶和華咒詛惡人的家庭，賜福於義人的居所。　他譏誚那好譏誚的人，賜恩給謙卑的人。　智慧人必承受尊榮，愚昧人高升也成為羞辱。(箴言 3：29-35)

請在以下一段為你和你學生的禱告中, 體會個中的真理:

天父，祢所有的道路美善，那些行在祢智慧中的人要得著尊榮。我祈求　　　　　　　　將會謙卑的行在祢的智慧中，以致他們能曉得你恩典與光榮的甘甜。保守他們從不會有意設計的去加害他人，並且幫助他阻止這樣做的人。在人際關系中讓他們成為和平使者。開他們的眼目，看見何時他們變得與他人相爭，便求祢施恩能速速從爭競的路上回轉。提醒他們歪曲的道路從來有別於祢的道路，永遠不會得到祢的祝福，　而那些正直的人會知道祢的恩惠和恩慈是何等的深厚　。願祢得著榮耀，他們得著造就，奉耶穌名求，阿們。

寫下你想與人分享的感想:

第十三週

槓桿原理禱告

　　槓桿原理禱告是以聖經經文來呈獻一個祈禱與及其功用架構，也許這樣的定義永不會被編修入字典，但我們可以清晰看見，以聖經來祈禱的能力和效用。從"因此""使你們""以至於"這些轉接詞的運用，我們可以鑑定何謂槓桿原理禱告。這些轉接詞成為祈禱本身和祈禱出來果效的橋樑。槓桿原理禱告是神的恩賜，幫助我們明白具體地為特定的事情祈禱時，將可以發生的事。使用 S3 的步驟方式來祈禱，可使槓桿原理禱告達到最大的果效：

眼看－確認禱文中的關鍵部份，同時鑑定每個祈求中，
　　　　"因此"這轉接詞段落所帶出的果效部份。

細味－讓這些祈禱成為你個人的祈禱。在神使你有所共
　　　　鳴的重要部份翱翔，細嚼回味。

分享－要專注向那些神引領到你生命中的人，分享你在
　　　　禱告中所看見，所體會到神的偉大豐盛。(不要
　　　　忘記閱讀附錄 <與青少年交流的十個技巧>)

第一天

父啊！求祢開我的眼睛，好使我更清晰看到祢，更透切地細味體會祢，並更釋放地傳揚分享祢！

因此，我既聽見你們信從主耶穌，親愛眾聖徒，就為你們不住的感謝神。禱告的時候，常提到你們，求我們主耶穌基督的神，榮耀的父，將那賜人智慧和啟示的靈賞給你們，使你們真知道他，並且照明你們心中的眼睛，使你們知道他的恩召有何等指望，他在聖徒中得的基業有何等豐盛的榮耀；並知道他向我們這信的人所顯的能力是何等浩大，就是照他在基督身上所運行的大能大力，使他從死裡復活，叫他在天上坐在自己的右邊，遠超過一切執政的、掌權的、有能的、主治的，和一切有名的；不但是今世的，連來世的也都超過了。又將萬有服在他的腳下，使他為教會作萬有之首。教會是他的身體，是那充滿萬有者所充滿的。（以弗所書 1: 15-23）

禱告：

禱告的得着：

第二天

父啊！求祢開我的眼睛，好使我更清晰看到祢，更透切地細味體會祢，並更釋放地傳揚分享祢！

因此，我在父面前屈膝，（天上地上的各（或作：全）家，都是從他得名）求他按著他豐盛的榮耀，藉著他的靈，叫你們心裡的力量剛強起來，使基督因你們的信，住在你們心裡，叫你們的愛心有根有基，能以和眾聖徒一同明白基督的愛是何等長闊高深，並知道這愛是過於人所能測度的，便叫神一切所充滿的，充滿了你們。

（以弗所書 3:14-19）

禱告：

禱告的得着：

第三天

父啊！求祢開我的眼睛，好使我更清晰看到祢，更透切地細味體會祢，並更釋放地傳揚分享祢！

我所禱告的，就是要你們的愛心在知識和各樣見識上多而又多，使你們能分別是非（或作：喜愛那美好的事），作誠實無過的人，直到基督的日子；並靠著耶穌基督結滿了仁義的果子，叫榮耀稱讚歸與神。（腓立比書 1: 9-11）

禱告：

禱告的得着：

第四天

父啊！求祢開我的眼睛，好使我更清晰看到祢，更透切地細味體會祢，並更釋放地傳揚分享祢！

因此，我們自從聽見的日子，也就為你們不住的禱告祈求，願你們在一切屬靈的智慧悟性上，滿心知道神的旨意；好叫你們行事為人對得起主，凡事蒙他喜悅，在一切善事上結果子，漸漸的多知道神；照他榮耀的權能，得以在各樣的力上加力，好叫你們凡事歡歡喜喜的忍耐

寬容；又感謝父，叫我們能與眾聖徒在光明中同得基業。
（歌羅西書 1: 9- 12）

禱告：

禱告的得着：

第五天

父啊！求祢開我的眼睛，好使我更清晰看到祢，更透切
地細味體會祢，並更釋放地傳揚分享祢！

又願主叫你們彼此相愛的心，並愛眾人的心都能增長、
充足，如同我們愛你們一樣；好使你們當我們主耶穌同

他眾聖徒來的時候，在我們父神面前，心裡堅固，成為
聖潔，無可責備。（帖撒羅尼迦前書 3: 12-13）

禱告：

禱告的得着：

第六天

父啊！求祢開我的眼睛，好使我更清晰看到祢，更透切
地細味體會祢，並更釋放地傳揚分享祢！

因此，我們常為你們禱告，願我們的神看你們配得過所
蒙的召，又用大能成就你們一切所羨慕的良善和一切因

信心所作的工夫；叫我們主耶穌的名在你們身上得榮耀，你們也在他身上得榮耀，都照著我們的神並主耶穌基督的恩。（帖撒羅尼迦後書 1: 11-12）

禱告：

禱告的得着：

第七天

父啊！求祢開我的眼睛，好使我更清晰看到祢，更透切地細味體會祢，並更釋放地傳揚分享祢！

但願賜平安的神，就是那憑永約之血、使群羊的大牧人我主耶穌從死裡復活的神，在各樣善事上成全你們，叫你們遵行他的旨意；又藉著耶穌基督在你們心裡行他所喜悅的事。願榮耀歸給他，直到永永遠遠。阿們！（希伯來書 13:20-21)

禱告：

禱告的得着：

附錄

與青少年交往的
十個小貼士

在兩代之間架設橋梁是一件極具挑戰的甚至令人畏懼的事——無論你是什麼年齡。所以，這裏給出幾個小貼士幫助你開始：

1. *為上帝恩待這個關系而禱告*。聖經中我最喜歡的禱告之一，是當尼希米發現耶路撒冷的城墻倒塌城處於危險中的時候。在第一章中他想要做些事，並禱告祈求在波斯王面前蒙恩，禱告結束的時候他說："主啊，求你側耳聽你仆人的祈禱，和喜愛敬畏你名眾仆人的祈禱，使你仆人現今亨通，在王面前蒙恩。"就像尼希米用禱告來遮蓋他的關系，我們也應該這樣開始任何新的關系。

2. *預備*。 收集一些關鍵的問題可以幫助你與你的學生交往。提問是一個最好的溝通工具之一，提問合適的問題對你尋求更了解你的學生是無價的。你必須真誠地關心你為之禱告的年青人的生活，你必須相信他們的故事和他們擁有的信息是有意義、值得花時間了解的。要更好地了解你的學生，你要預備做一個聆聽者。

3. *好問題具有能力。* 大部分跟你的學生接觸的時間會是短暫的，所以你要盡可能的最大程度利用你們在一起的時間。提出那些能夠打開對話溝通的好問題。這類問題應該是容易回答、也不會讓學生覺得要給正確答案。例如，你可以問"周末退修會裏你喜歡那些部分？"而不是問"周末退修會裏那部分最好？"給學生更多的自由來回答更多和給出更多信息，可以幫助對話更自然的展開。

4. *每次都問你要如何為他禱告。* 養成習慣問"這周我要怎樣為你禱告才是最好的呢？" 如果他們不知道怎麼回答，就問他們這周會有什麼事情發生。記得一定讓他們知道你這周會用哪段經文為他禱告。

5. *建立關系需要時間。* 所以，當你在教會看到你的朋友——問問他們這周過的怎樣，讓你們的友誼在一年裏按照它自己的節奏發展。

你可以告訴你的學生有任何禱告需求的時候可以聯系你。這樣你向他們敞開了溝通渠道。如果你用臉書或其他社交媒體網站，我鼓勵你不要主動加他朋友，等他們願意的時候讓他們主動。你的目的是自然的聯接，不要讓他們感到任何的不自在。

6. *禱告時要警醒。* 當你以聖經為你的學生禱告的時候，記下上帝讓你想到的事情，寫一個簡短的便條用這段經文鼓勵他們。

7. *肯定你的學生！* 在談話中尋找自然的方式鼓勵他們，註意觀看上帝正在他們生命中如何工作，肯定你所看到正面的事情。隨著時間的推移，讓他們知道你看到他們成長的方面。

8. *收集故事。* 想想上帝曾經如何透過他的話語和他的子民在你生命中工作。收集你在你生活中遇見上帝的故事。想想你如何看見上帝在你生活不同階段的信實工作。當你的友誼增長，上帝會開路讓你能夠分享你的故事。這是非常清楚的方式成就詩篇 71: 17-18：

神啊，自我年幼時，你就教訓我；直到如今，我傳
揚你奇妙的作為。神啊，我到年老發白的時候，求
你不要離棄我！等我將你的能力指示下代，將你的
大能指示後世的人。

9. *與其他禱告支持者一起禱告。* 當你跟隨指南禱告時，
考慮跟你的學生的其他幾位禱告支持者一起。這會
讓你們彼此激勵為這個年青人一起同工。上帝會祝
福一起禱告的人。願主喜悅並祝福所有為下一代禱
告的人。

10. *加入禱告支持者的共同體！* 上網
www.prayformecampaign.com 註冊，可定期收到關
於有效自然地與年青人交往的小貼士。